SENDEROS 2

Spanish for a Connected World

Activity Pack

VISTA®
HIGHER LEARNING

ISBN: 978-1-68005-278-7

2 3 4 5 6 7 8 9 BB 22 21 20 19 18

Table of Contents

Introduction

The SENDEROS 2 Activity Pack

Senderos includes the **Activity Pack**, which is a collection of supplementary activities for each lesson. With over 160 activities and a board game with cards, there is something here for every Spanish class!

Some of the activities in the ancillary, such as crossword puzzles, multiple-choice questions, and fill-in-the-blank activities, are designed to provide students with additional structured language practice. Others, such as the classroom surveys, interviews, and role-plays, are communicative and give students the opportunity to use active vocabulary and grammar in more open-ended situations. About half of the activities in this instructor resource offer directed practice with a written component, and the other half offer communicative, open-ended practice that focus on speaking and listening skills.

The **Activity Pack** provides the following sections for each of the lessons in **Senderos**:

• **Contextos** activities focus on vocabulary. They encourage students to practice the lesson's vocabulary in both spoken and written form. Activity types include crossword puzzles, short dialogues, and word or picture identification activities.

• **Estructura** activities focus on grammar. There are between one and three pages of discrete practice for each grammar concept, depending on its level of difficulty. (Grammar concepts are further supported in the student ancillaries.) These may include a guided practice followed by a more open-ended written activity. Some activities are designed to support oral and aural practice by having students work with a partner after they have written questions, for example. Task-based activities also form some of the activities in the **Estructura** sections.

• **Comunicación** activities focus on spoken communication. Interviews, role-plays, information gap activities, and classroom surveys support the use of natural language. These activities provide prompts and situations that encourage students to use all the grammar and vocabulary they know in order to communicate in Spanish.

• **¡A repasar!** activities cover all of the lesson's vocabulary and each grammar point. Two pages long, the closed-ended questions provide a quick way to review material, gauge retention, and can be used for test preparation. The last activity asks small groups to collaborate on a skit, an interview, or a project that can then be shared with the class.

• **¡Atrévete!** is a board game that provides a content review after lessons 3 and 6. However, it can be used throughout the class as appropriate, since it can be customized to suit any lesson. Each review has its own set of cards that contains images, grammar structures, vocabulary, verbs, and **los retos** (*challenges*) that dare the players to complete an activity in a given time.

With this plethora of individual, pair, and group practice that focuses on writing, reading, listening, and speaking skills, we hope that your students develop their communication skills and you find material that is suitable for your **Senderos** class.

The Senderos Authors and
the Vista Higher Learning Editorial Staff

contextos

1 **Crucigrama** Completa el crucigrama.

Horizontales

3. producto cosmético que se pone en la cara

5. un tipo de zapato suave y cómodo para usar en el hogar (*home*)

6. un producto que se usa para ducharse o lavarse la cara

9. el reloj que nos despierta

10. te secas el cuerpo con ella

Verticales

1. un producto cosmético que alguien usa para afeitarse

2. el lugar del baño donde te lavas las manos y la cara

4. el producto con el que nos lavamos el pelo

7. la habitación donde nos duchamos

8. cuando lo miras, ves tu imagen

contextos

2 | **Correcto o incorrecto** Mira cada ilustración y decide si la palabra corresponde a la imagen. Si es incorrecta, escribe la palabra apropiada.

secarse ○

1. _____

despertarse ○

2. _____

vestirse ○

3. _____

cepillarse los dientes ○

4. _____

ducharse ○

5. _____

maquillarse ○

6. _____

levantarse ○

7. _____

dormirse ○

8. _____

peinarse ○

9. _____

despedirse ○

10. _____

enojarse ○

11. _____

afeitarse ○

12. _____

estructura

1.1 Reflexive verbs

1 **Nuevos amigos** Carlos está buscando nuevos/as amigos/as en Internet. Completa los mensajes electrónicos donde sus nuevos/as amigos/as le escriben sobre sus rutinas diarias. Usa los verbos de la lista.

afeitarse	despertarse	enojarse	levantarse	peinarse	quedarse
bañarse	dormirse	irse	llamarse	ponerse	sentarse
cepillarse	ducharse	lavarse	maquillarse	preocuparse	vestirse

Para: Carlos | De: Mónica | Asunto: ¡Me gusta mucho mi rutina diaria!

Hola, Carlos:

Mi nombre es Mónica y mi vida es muy tranquila. (1)_____ a las 6 de la mañana. (2)_____ y (3)_____ los dientes. Después, (4)_____ y (5)_____ el pelo. Salgo para la escuela a las 7 de la mañana. Durante las clases, siempre (6)_____ en la silla cerca de la ventana para poder ver los árboles del parque.

Moni

Para: Carlos | De: Diana y Natalia | Asunto: ¡Somos unas gemelas muy bonitas!

Buenos días, Carlos:

(7)_____ Diana y Natalia. Somos unas gemelas muy hermosas. Aunque (*Although*) algunas veces nosotras tenemos problemas y (8)_____, hacemos todo juntas, por eso nuestras rutinas son iguales. Todas las mañanas, (9)_____ ropa muy bonita para ir a la escuela. Regresamos a nuestra casa a las 6 de la tarde. (10)_____ la cara, comemos y (11)_____ a las 9.

Las gemelas fantásticas

Para: Carlos | De: Carlota | Asunto: La rutina de mi hermano

¿Qué tal?, Carlos:

Te voy a hablar de la rutina de mi hermano. Se llama Patricio. Es muy tímido pero muy guapo. Su rutina diaria es muy loca. Él trabaja toda la noche, por eso, se duerme a las 7 de la mañana. (12)_____ a las 3 de la tarde, (13)_____, (14)_____ y sale al parque, allá (15)_____ hasta las 6 con sus amigos. Cuando regresa, (16)_____ y (17)_____ para su trabajo. Él siempre (18)_____ por mí. Es muy buen hermano.

Tu nueva amiga, Carlota

---

estructura

1.2 Indefinite and negative words

1 **Negativas e indefinidas**

A. Elige la palabra indefinida o negativa que mejor completa cada oración.

1. Todo es muy bonito, pero no tengo ganas de comprar _____.

   a. nadie   b. nada   c. algún

2. ¿Por qué _____ vas al cine con tus amigos?

   a. algo   b. nadie   c. nunca

3. ¡Hay _____ extraño dentro de mi casa!

   a. alguna   b. siempre   c. algo

4. ¿Por qué no hablaste con _____ en la fiesta?

   a. nadie   b. jamás   c. nunca

5. Quiero comprar _____ toallas en el centro comercial.

   a. algunas   b. tampoco   c. alguien

6. ¿Hay _____ tienda cerca de este parque?

   a. alguien   b. algunos   c. alguna

7. Raúl no quiere _____ ducharse _____ vestirse para ir a la escuela.

   a. o... o   b. ni... ni   c. no... nada

8. Nosotras _____ vamos al cine con chicos.

   a. jamás   b. nadie   c. nada

9. A Viviana le gusta jugar al tenis y a Andrea _____.

   a. nadie   b. también   c. algunos

10. Mis padres no saben conducir y los de Maribel _____.

    a. siempre   b. alguien   c. tampoco

B. Ahora, escribe tres oraciones y reta a (*challenge*) un(a) compañero/a a escoger la palabra indefinida o negativa apropiada para cada una.

1. _____

   a. _____   b. _____   c. _____

2. _____

   a. _____   b. _____   c. _____

3. _____

   a. _____   b. _____   c. _____

estructura

1.2 Indefinite and negative words

2 **Flor y el vendedor**

A. Flor está en su centro comercial favorito. De repente (*suddenly*), un vendedor de artículos de limpieza para el cuerpo y la cara, que tiene muchas ganas de hablar, insiste en mostrarle todos sus productos. Ella no quiere comprar nada. Ayuda a Flor a contestar las preguntas del vendedor.

> **Modelo**
>
> **¿Tiene alguno de nuestros productos en su baño?**
> No, no tengo ninguno de sus productos en mi baño.

1. ¿Quiere conocer alguno de nuestros productos?

   _____

2. ¿Usted siempre se maquilla?

   _____

3. ¿A usted le gusta algún champú?

   _____

4. ¿Desea comprar algunos de estos hermosos espejos?

   _____

5. ¿Quiere comprar jabones o quiere comprar toallas?

   _____

6. ¿Usted piensa volver al centro comercial algún día?

   _____

7. ¿Alguien en su familia necesita un champú especial?

   _____

8. ¿Usted desea probar (*try*) alguna de nuestras cremas de afeitar?

   _____

9. Y ¿no quiere lavarse los dientes con nuestra nueva pasta de dientes?

   _____

10. A mí no me gusta contestar preguntas. Y ¿a usted?

    _____

 B. Ahora, en parejas, creen un diálogo con las preguntas de la actividad A y las respuestas que escribieron. Presenten el diálogo a la clase. ¡Sean creativos/as!

estructura

1.3 Preterite of **ser** and **ir**

1   **Ser o ir** Forma oraciones con estos elementos. Usa el pretérito de **ser** o **ir**. Después, escribe el infinitivo de la forma verbal correcta en el espacio indicado.

1. ayer / día frío   (_____)

_____

2. lunes / centro comercial / Luis   (_____)

_____

3. Manuela y yo / cine / semana pasada   (_____)

_____

_____

4. mis primos / piscina / anoche   (_____)

_____

_____

5. yo / Salamanca / año pasado   (_____)

_____

_____

6. Juan / presidente / equipo de fútbol / dos años   (_____)

_____

_____

7. ¿tú / novia / mi hermano?   (_____)

_____

_____

8. ellos / baile / escuela   (_____)

_____

_____

9. nuestros padres / muy felices   (_____)

_____

_____

10. tu bisabuela / mujer / muy elegante   (_____)

_____

_____

estructura

1.3 Preterite of **ser** and **ir**

2 Viaje a Machu Picchu

A. Completa, con los pretéritos de los verbos **ser** o **ir**, la descripción de Paola de su viaje a Machu Picchu.

Mi viaje a Machu Picchu (1) _____ fantástico. (2) _____ con mis papás y mi hermano

Juan Pablo. Antes de llegar a la ciudad perdida (*lost*), (3) _____ a Cuzco.

Todos los días (4) _____ muy bonitos, siempre salió el sol. ¡Qué interesante! Esa ciudad

(5) _____ la capital del imperio (*empire*) inca.

Cuando llegamos a Machu Picchu (6) _____ a ver el paisaje. Después, (7) _____ al

Templo del Sol. Esa noche comimos y dormimos en el hotel cerca de la ciudad perdida. La comida

(8) _____ excelente.

Al día siguiente, nos levantamos temprano, mi hermanito y yo (9) _____ a caminar a la

montaña y mis papás (10) _____ a comprar regalos para mis tíos y mis primos. Por la tarde,

yo (11) _____ a hablar con el guía porque mis papás decidieron quedarse un día más.

Por último, regresamos a Cuzco. Este viaje (12) _____ muy importante para mí porque viví

momentos muy especiales con mi familia.

B. Ahora, escribe una descripción de alguno de tus viajes. Recuerda usar los pretéritos de **ser** o **ir**.
Comparte tu descripción con la clase.

_____

_____

_____

_____

_____

estructura

1.4 Verbs like **gustar**

1 **¿Qué les fascina?** Usa cada imagen y la lista de verbos para escribir una oración lógica.

aburrir	fascinar	interesar
encantar	gustar	molestar
faltar	importar	quedar

1. _____

_____

_____

2. _____

_____

_____

3. _____

_____

_____

4. _____

_____

_____

5. _____

_____

_____

6. _____

_____

_____

7. _____

_____

_____

8. _____

_____

_____

9. _____

_____

_____

estructura

1.4 Verbs like **gustar**

2 **¡Qué aburrida!** Tatiana es una chica muy aburrida. Escribe sus respuestas cuando sus amigos le hablan de sus gustos. Usa un verbo diferente en cada oración.

> **Modelo**
>
> **A Luis le encanta nadar en el mar.**
> *Ay no, a mí me aburre mucho nadar en el mar.*

1. A mí me encanta correr en el parque los domingos.

    Ay no, a mí _____

2. A Mario y Camila les aburren las clases de matemáticas.

    Ay no, a mí _____

3. A nosotros nos fascina levantarnos tarde los fines de semana.

    Ay no, a mí _____

4. ¿A ti te molesta ir de compras?

    Ay no, a mí _____

5. A Verónica la blusa rosada le queda bien.

    Ay no, a mí _____

6. A mí me interesan algunas revistas de moda (*fashion*).

    Ay no, a mí _____

7. A Marta nunca le falta dinero para comprar ropa nueva.

    Ay no, a mí _____

8. A Teresa y Tulio no les aburre la televisión.

    Ay no, a mí _____

9. A Luisa y a mí nos fascina visitar a nuestros primos en Perú.

    Ay no, a mí _____

10. A ti no te interesa nada, ¡eres muy aburrida!

    Ay no, a mí _____

information gap activity

Estudiante 1

1

La familia ocupada (student text p. 25) Tú y tu compañero/a asisten a un programa de verano en Lima, Perú. Viven con la familia Ramos. Tienes la rutina incompleta que la familia sigue en las mañanas. Trabaja con tu compañero/a para completarla.

modelo

> **Estudiante 1:** ¿Qué hace el señor Ramos a las seis y cuarto?
> **Estudiante 2:** El señor Ramos se levanta.

	El Sr. Ramos	La Sra. Ramos	Pepito y Pablo	Sara y nosotros/as
6:15		levantarse	dormir	
6:30	ducharse	peinarse		dormir
6:45			dormir	
7:00	despertar a Sara	maquillarse		
7:15			levantarse	peinarse
7:30	desayunar		bañarse	
7:45	lavar los platos			desayunar
8:00		irse con Pepito y Pablo		ir al campamento de verano (summer camp)
8:15	ir al trabajo		jugar con su primo	

information gap activity

Estudiante 2

1

👥

La familia ocupada (student text p. 25) Tú y tu compañero/a asisten a un programa de verano en Lima, Perú. Viven con la familia Ramos. Tienes la rutina incompleta que la familia sigue en las mañanas. Trabaja con tu compañero/a para completarla.

> **modelo**
>
> **Estudiante 1:** ¿Qué hace el señor Ramos a las seis y cuarto?
> **Estudiante 2:** El señor Ramos se levanta.

	El Sr. Ramos	La Sra. Ramos	Pepito y Pablo	Sara y nosotros/as
6:15	levantarse			dormir
6:30			dormir	
6:45	afeitarse	ducharse		dormir
7:00			dormir	levantarse
7:15	preparar el café	despertar a Pepito y a Pablo		
7:30		bañar a Pepito y a Pablo		ducharse
7:45		desayunar	desayunar	
8:00	llevar a Sara y a nosotros/as al campamento de verano (summer camp)		irse con su mamá	
8:15		visitar a su hermana		nadar

Lección 1 Information Gap Activities **11**

information gap activity

Estudiante 1

2 **La residencia** Tú y tu compañero/a de clase son los directores de una residencia estudiantil en Perú. Cada uno de ustedes tiene las descripciones de cinco estudiantes. Con la información tienen que escoger (*choose*) quiénes van a ser compañeros de cuarto. Después, completen la lista.

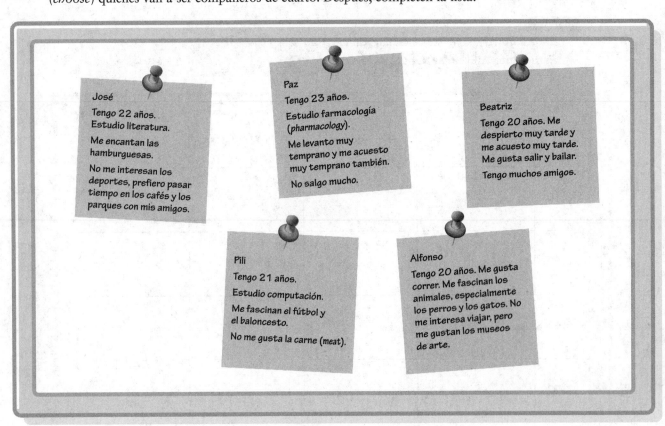

José
Tengo 22 años.
Estudio literatura.
Me encantan las hamburguesas.
No me interesan los deportes, prefiero pasar tiempo en los cafés y los parques con mis amigos.

Paz
Tengo 23 años.
Estudio farmacología (*pharmacology*).
Me levanto muy temprano y me acuesto muy temprano también.
No salgo mucho.

Beatriz
Tengo 20 años. Me despierto muy tarde y me acuesto muy tarde. Me gusta salir y bailar.
Tengo muchos amigos.

Pili
Tengo 21 años.
Estudio computación.
Me fascinan el fútbol y el baloncesto.
No me gusta la carne (*meat*).

Alfonso
Tengo 20 años. Me gusta correr. Me fascinan los animales, especialmente los perros y los gatos. No me interesa viajar, pero me gustan los museos de arte.

1. Habitación 201: _____ y _____

   ¿Por qué? _____

2. Habitación 202: _____ y _____

   ¿Por qué? _____

3. Habitación 203: _____ y _____

   ¿Por qué? _____

4. Habitación 204: _____ y _____

   ¿Por qué? _____

5. Habitación 205: _____ y _____

   ¿Por qué? _____

information gap activity

Estudiante 2

2 **La residencia** Tú y tu compañero/a de clase son los directores de una residencia estudiantil en Perú. Cada uno de ustedes tiene las descripciones de cinco estudiantes. Con la información tienen que escoger (*choose*) quiénes van a ser compañeros de cuarto. Después, completen la lista.

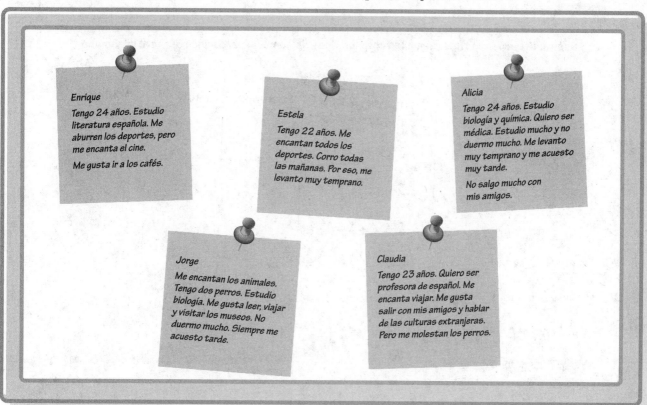

Enrique
Tengo 24 años. Estudio literatura española. Me aburren los deportes, pero me encanta el cine.
Me gusta ir a los cafés.

Estela
Tengo 22 años. Me encantan todos los deportes. Corro todas las mañanas. Por eso, me levanto muy temprano.

Alicia
Tengo 24 años. Estudio biología y química. Quiero ser médica. Estudio mucho y no duermo mucho. Me levanto muy temprano y me acuesto muy tarde.
No salgo mucho con mis amigos.

Jorge
Me encantan los animales. Tengo dos perros. Estudio biología. Me gusta leer, viajar y visitar los museos. No duermo mucho. Siempre me acuesto tarde.

Claudia
Tengo 23 años. Quiero ser profesora de español. Me encanta viajar. Me gusta salir con mis amigos y hablar de las culturas extranjeras. Pero me molestan los perros.

1. Habitación 201: _____ y _____

   ¿Por qué? _____

2. Habitación 202: _____ y _____

   ¿Por qué? _____

3. Habitación 203: _____ y _____

   ¿Por qué? _____

4. Habitación 204: _____ y _____

   ¿Por qué? _____

5. Habitación 205: _____ y _____

   ¿Por qué? _____

survey

Síntesis

1

Encuesta (student text p. 29) Circula por la clase y pídeles a tus compañeros/as que comparen las actividades que hacen durante la semana con las que hacen durante los fines de semana. Escribe las respuestas.

modelo

Tú: ¿Te acuestas tarde los fines de semana?

Susana: Me acuesto tarde algunas veces los fines de semana, pero nunca durante la semana.

Actividades	Nombres de tus compañeros/as	Siempre	Nunca	Algunas veces
1. acostarse tarde				
2. comer en un restaurante				
3. irse a casa				
4. ir al mercado o al centro comercial				
5. ir de compras con algunos amigos				
6. levantarse temprano				
7. limpiar (to clean) su cuarto				
8. mirar la televisión				
9. pasear en bicicleta				
10. quedarse en su cuarto por la noche				
11. salir con alguien				
12. sentarse a leer periódicos o revistas				

role-play

1

El programa de entrevistas En grupos, su profesor(a) les entrega unas tarjetas (*cards*) con un escenario en cada una. Escojan sus roles y preparen un programa de entrevistas (*talk show*) de diez minutos; sigan (*follow*) las instrucciones de las tarjetas. Recuerden incluir el vocabulario y la gramática de esta lección. Presenten el programa a la clase. ¡Sean creativos/as!

Modelo

Señor Ramírez: ¿Cuál es su problema, doña Rafaela?

Doña Rafaela: Estoy muy preocupada porque hace tres años que mi esposo, Bernardo, no se afeita.

Señor Ramírez: ¿Y usted sabe por qué su esposo no se afeita?

Doña Rafaela: Sí, claro. Él no se afeita porque espera ganar algún concurso (*contest*).

Señor Ramírez: ¿Usted qué piensa, don Bernardo?

Don Bernardo: Yo no me quiero afeitar. Y pienso que mi esposa debe participar en el concurso también.

Señor Ramírez: ¿Y usted qué dice doña Rafaela?

Doña Rafaela: ¡Yo no quiero participar en ningún concurso!

role-play

1 **El programa de entrevistas**

Time: 30 minutes

Resources: Role-play cards

Instructions: Photocopy the role-play cards and have students form groups of five. Give the groups a set of cards and ask students to each choose a different role. Groups should prepare a five- to eight-minute talk show using the vocabulary and grammar from this lesson. Give students 15 minutes to prepare their segments and make sure all students have a speaking part. Once all the groups have presented, poll the class to vote on which show was the most creative/fun/interesting, etc.

If you cannot divide the class into groups of 5, or if you want the interviews to be shorter, you can create smaller groups by cutting one or two of the secondary characters from each set of cards.

To expand this activity, ask students to come dressed as their character and prepare their own TV sets. Students can also film their segments and share them with the class.

role-play

1 Role-play cards

Señor(a) Ramírez, 35 años, periodista, Cuba.
Tú eres el/la entrevistador(a) (*interviewer*). Tú debes dar la bienvenida al programa y presentar a los invitados (*guests*). Debes hacerles estas preguntas:

1. ¿Cómo se llama usted?
2. ¿Cuántos años tiene?
3. ¿Cuál es su profesión?
4. ¿Cuál es su nacionalidad?

5. ¿Cómo es su rutina diaria?
6. ¿Qué (no) le gusta/aburre/encanta/interesa?
7. ¿Cuál es su problema?
8. ¿Qué piensa sobre este problema?

Doña Marina, 48 años, abogada, Costa Rica.
Tú eres una madre enojada porque tu hija nunca se baña y su novio tampoco. Te gusta bañarte tres veces al día. Piensas que tu hija necesita un baño y un novio nuevo y limpio.

Maribel, 15 años, estudiante, Costa Rica.
Tú eres una hija aburrida, no te gusta bañarte y no te interesa estar limpia. Piensas que tu mamá necesita un viaje a la playa y que tú necesitas un novio más guapo.

Don Daniel, 70 años, médico, Perú.
Tu hija se llama Marina. Estás muy triste porque tu hija y tu nieta no comparten sus rutinas. Piensas que ellas necesitan hacer un viaje juntas, sin el novio de Maribel.

Lucho, 17 años, estudiante, México.
Tú eres el novio de Maribel, tampoco te gusta bañarte y nunca te cepillas los dientes. Piensas que necesitas una suegra menos (*less*) antipática y una novia nueva.

Señor(a) Ramírez, 35 años, periodista, Cuba.
Tú eres el/la entrevistador(a) (*interviewer*). Debes dar la bienvenida al programa y presentar a los invitados (*guests*). Debes hacerles éstas preguntas:

1. ¿Cómo se llama usted?
2. ¿Cuántos años tiene?
3. ¿Cuál es su profesión?
4. ¿Cuál es su nacionalidad?

5. ¿Cómo es su rutina diaria?
6. ¿Qué (no) le gusta/aburre/encanta/interesa?
7. ¿Cuál es su problema?
8. ¿Qué piensa sobre este problema?

Gabriel, 30 años, ingeniero, Colombia.
Tú eres un novio celoso (*jealous*) y estás muy enojado porque tu novia se maquilla mucho para ir a trabajar; te molestas mucho cuando ella se pone bonita y habla con sus compañeros. Piensas que ella debe quedarse en su casa y no trabajar ni hablar con nadie.

Marcela, 29 años, profesora de arte, Argentina.
Tú eres una novia confundida. A ti te fascina maquillarte, peinarte y ponerte bonita pero tu novio se pone muy celoso porque hablas con tus compañeros en el trabajo. Piensas que necesitas un novio más inteligente.

Ángela, 25 años, estudiante de economía, Chile.
Tú eres una buena amiga de Marcela. Te molesta mucho cuando tu amiga y tú están en tu casa y su novio llega a hacer un escándalo (*scandal*) porque ella se maquilla. Piensas que Marcela es muy bonita y que debe tener un novio diferente.

Javier, 29 años, profesor de arte, Puerto Rico.
Tú eres amigo de Marcela. A ti te aburre cuando Gabriel molesta a Marcela porque se maquilla. Piensas que tú puedes ser un buen compañero para Marcela.

Lección 1 Role-plays | **17**

role-play

1 Role-play cards

Señor(a) Ramírez, 35 años, periodista, Cuba.
Tú eres el/la entrevistador(a) (*interviewer*). Debes dar la bienvenida al programa y presentar a los invitados (*guests*). Debes hacerles éstas preguntas:

1. ¿Cómo se llama usted?
2. ¿Cuántos años tiene?
3. ¿Cuál es su profesión?
4. ¿Cuál es su nacionalidad?

5. ¿Cómo es su rutina diaria?
6. ¿Qué (no) le gusta/aburre/encanta/interesa?
7. ¿Cuál es su problema?
8. ¿Qué piensa sobre este problema?

Luz, 60 años, profesora, Bolivia.
Tú eres una artista famosa. Te preocupas mucho por tus nietos porque a ellos les fascina levantarse tarde y no les gusta ir a la escuela. Piensas que ellos necesitan estudiar, ser ordenados y levantarse más temprano.

Manuel, 12 años, estudiante, Ecuador.
Tú eres un estudiante perezoso (*idle*). No te gusta levantarte para ir a la escuela y prefieres quedarte en tu cama mirando la televisión. Piensas que tu abuela debe dormir más, ¡porque ella se levanta a las 4 a.m.!

Beatriz, 14 años, estudiante, Ecuador.
Tú eres una estudiante desordenada. Te acuestas muy tarde y te levantas muy tarde. No te interesa hacer tus tareas y te fascina escuchar la radio todo el día. Piensas que tú y tu hermano Manuel, tienen razón y que tu abuela debe dormir más y molestar menos (*less*).

Ramón, 40 años, artista, Bolivia.
Tú eres un papá avergonzado de tu mamá. No te gusta cuando ella se enoja con tus hijos porque no van a la escuela. Piensas que tu mamá está loca y que tus hijos aprenden más cuando ven la televisión o cuando escuchan la radio que cuando van a la escuela.

---

role-play

2

Unos amigos presumidos (*conceited*) En parejas, su profesor(a) les entrega dos tarjetas con un escenario en cada una. Preparen una conversación de tres o cuatro minutos; sigan las instrucciones de las tarjetas. Recuerden incluir el vocabulario y la gramática de esta lección. Presenten la conversación a la clase. ¡Sean creativos/as!

Modelo

Amiga 1: Hola, amiga, ¿cómo estás?

Amiga 2: Pues, muy cansada. Tú sabes, tengo un trabajo muy interesante. Viajar y viajar a muchos lugares…

Amiga 1: ¿Ah, sí? Pues yo también estoy muy cansada. Es que comprar todo el tiempo en almacenes importantes, tú sabes….

Amiga 2: Y bueno, tengo una rutina diaria muy ocupada. Por ejemplo, mañana, viajo temprano a Alaska, más tarde voy a Vancouver y en la noche a Florida. Ya conozco más de cien países.

Amiga 1: Pues mi rutina también es muy difícil. Mañana en la mañana tengo que ir a comprar chaquetas en H&M, al mediodía voy de compras a Macy's y en la tarde compro zapatos en Ann Taylor. Y bueno, puedo quedarme con todas las compras. Por cierto, ¿te interesa comprarme este vestido de Zara?

Amiga 2: ¿Y a ti te interesa viajar a Japón?, tengo unos pasajes baratos para vender.

Amiga 1: Uy, no, muchas gracias. Tengo que trabajar.

Amiga 2: A mí tampoco me interesa el vestido, tengo que viajar a Aruba y allá no necesito un vestido, bueno… sí necesito uno, pero un vestido de playa.

role-play

2 **Unos amigos presumidos (*conceited*)**

Time: 30 minutes

Resources: Role-play cards

Instructions: Photocopy the role-play cards and have students form pairs. Give each pair a situation and ask students to each choose a different role. Together they should prepare a three- to four-minute conversation using the vocabulary and grammar from this lesson. Give students ten minutes to prepare and make sure all students participate and have a speaking part. Tell them to be prepared to role-play their conversations in front of the class. Once all the pairs have presented, poll the class to vote on which conversation was the most creative, fun, interesting, etc.

You can vary this activity by asking students to film their conversations and share them with the class.

role-play

2 Role-play cards

Tú eres un(a) empleado/a de una agencia de viajes. Tu trabajo es visitar todas las islas del Caribe (*Caribbean islands*) antes de que los/las visitantes lleguen, para asegurarte (*make sure*) de que todo está funcionando (*working*) bien. Te gusta mucho tu trabajo porque te puedes quedar en las islas todo el tiempo que quieras y llevar a tu familia.

Estás caminando por el parque y te encuentras con un(a) amigo/a y comienzas a alardear (*flaunt*) sobre tu trabajo. Tú estás muy orgulloso/a de tu trabajo y no crees que otra persona pueda tener uno mejor (*better*).

Tú eres un(a) supervisor(a) de atención al cliente de una gran empresa. Tu trabajo es visitar los almacenes más importantes del mundo y hacer muchas compras para evaluar la atención al cliente. Te gusta mucho tu trabajo porque puedes quedarte con todo lo que compras o venderlo a buenos precios.

Estás caminando por el parque y te encuentras con un(a) amigo/a y comienzas a alardear (*flaunt*) sobre tu trabajo. Tú estás muy orgulloso/a de tu trabajo y no crees que otra persona pueda tener uno mejor (*better*).

Tú eres un(a) empleado/a de una agencia de viajes. Tu trabajo es visitar los hoteles de Europa y Asia antes de que los/las turistas lleguen para asegurarte (*make sure*) de que todo está funcionando (*working*) bien. Te gusta mucho tu trabajo porque puedes quedarte en las mejores habitaciones de los hoteles y disfrutar de todos los servicios sin límites; también porque puedes llevar a tu familia o amigos/as.

Estás caminando por el parque y te encuentras con un(a) amigo/a y comienzas a alardear (*flaunt*) sobre tu trabajo. Tú estás muy orgulloso/a de tu trabajo y no crees que otra persona pueda tener uno mejor (*better*).

Tú trabajas como comprador(a) personal para celebridades. Tu trabajo es ayudar a la celebridad en todas sus compras, viajar a lugares exóticos y conseguir los mejores (*best*) productos para tus clientes/as. Te gusta mucho tu trabajo porque viajas a muchos lugares, conoces mucha gente importante y ganas (*earn*) mucho dinero.

Estás caminando por el parque y te encuentras con un(a) amigo/a y comienzas a alardear (*flaunt*) sobre tu trabajo. Tú estás muy orgulloso/a de tu trabajo y no crees que otra persona pueda tener uno mejor (*better*).

Tú eres un(a) escritor(a) de guías de viajes (*travel guides*). Tu trabajo es viajar a todas las ciudades del mundo y escribir sobre ellas. Te gusta mucho tu trabajo porque puedes conocer todos los lugares que quieras (*that you want*) y siempre tienes mucho dinero para gastar.

Estás caminando por el parque y te encuentras con un(a) amigo/a y comienzas a alardear (*flaunt*) sobre tu trabajo. Tú estás muy orgulloso/a de tu trabajo y no crees que otra persona pueda tener uno mejor (*better*).

Tú eres un(a) comprador(a) de arte. Tu trabajo es viajar por todo el mundo y comprar diferentes obras de arte. Te gusta mucho tu trabajo porque conoces a artistas muy importantes, museos reconocidos (*renowned*) y ganas mucho dinero.

Estás caminando por el parque y te encuentras con un(a) amigo/a y comienzas a alardear (*flaunt*) sobre tu trabajo. Tú estás muy orgulloso/a de tu trabajo y no crees que otra persona pueda tener uno mejor (*better*).

¡a repasar!

¡A repasar! Sigue las instrucciones para hacer las actividades. Todas son diferentes y resumen todo lo que aprendiste en la **Lección 7**.

1 Ordenar Ordena las palabras de la lista en las categorías correctas.

acostarse	el inodoro	siempre
alguien	ponerse	tampoco
el champú	secarse	la toalla

los verbos reflexivos	las palabras indefinidas o negativas	el baño
1. _____	_____	_____
2. _____	_____	_____
3. _____	_____	_____

2 Seleccionar Selecciona la palabra que no está relacionada con cada grupo.

1. afeitarse • bañarse • peinarse • enojarse
2. champú • jabón • zapatillas • pasta de dientes
3. aburrir • encantar • fascinar • interesar
4. algo • alguien • alguno • siempre

3 Completar Completa las oraciones con el verbo reflexivo correcto.

1. Mi hermano Daniel siempre _____ los dientes después de las comidas.
2. Nosotros _____ los zapatos de tenis para jugar baloncesto.
3. Tu amigo Raúl _____ tarde todos los fines de semana.
4. Las niñas _____ los vestidos para la fiesta en el almacén.

4 Una clienta enojada Completa, con las palabras del cuadro (*box*), el mensaje electrónico que Mariluz le envía a un almacén donde le vendieron un champú muy malo. No vas a usar dos palabras de la lista.

algo nada nadie ningún nunca siempre

Para: Almacén La Gran Rebaja	De: Mariluz Ortiz	Asunto: Su champú es muy malo

Buenos días:

Hace una semana compré un champú en su almacén. ¡Y ahora no tengo pelo!

(1)_____ voy a volver a comprar (2)_____ en su almacén,

porque es muy caro y los productos son muy malos. Ayer fui a decirles a sus

vendedores lo que pasó (*what happened*) y (3)_____ vendedor se

preocupó. Me molesta que (4)_____ me ayude o me de una respuesta.

Mariluz Ortiz

5   **Ser o ir** Completa las oraciones con la forma correcta del pretérito del verbo **ser** o **ir**.

1. Yo _____ a Panamá el año pasado.

2. El invierno pasado _____ muy frío.

3. Cecilia y yo _____ al supermercado ayer por la mañana.

4. Las vacaciones con mi familia este año _____ muy interesantes.

6   **Escoger** Escoge la respuesta que mejor completa cada oración.

1. A mí no _____ bien este vestido.

    a. me queda   b. me falta   c. te importa

2. A ti _____ levantarte temprano.

    a. nos queda   b. te molesta   c. le importa

3. A Luis y a mí _____ cien dólares para comprar los pasajes de avión.

    a. les importan   b. nos faltan   c. nos encantan

4. A los clientes _____ las rebajas.

    a. le molestan   b. les aburren   c. les encantan

7   **Una novia cansada** Camila salió hoy con su novio Adolfo pero está muy cansada. Contesta las preguntas de Adolfo; usa las palabras indefinidas o negativas correctas en tus respuestas. Sigue el modelo.

> **Modelo**
>
> **Amor, ¿quieres comer algo?**
> **No,** *no quiero comer nada.*

1. Amor, ese es tu almacén favorito, ¿vas a comprar algún vestido?

    No, _____

2. Amor, ya sé, vamos al cine, ¿te gusta alguna de estas películas?

    No, _____

3. Amor, yo sé que estás cansada, ¿quieres seguir caminando o quieres sentarte?

    No, _____

4. Amor, mira, un teléfono, ¿deseas hablar con alguien?

    No, _____

8   **¡A practicar!** En grupos de cuatro personas, preparen un diálogo divertido en el que unos padres preocupados hablan con sus hijos sobre sus rutinas diarias y las razones (*reasons*) por las que no tienen buenas notas en la escuela. Incluyan:

- el vocabulario (el baño, palabras adicionales, etc.)
- los verbos reflexivos
- las palabras indefinidas y negativas
- el pretérito de **ser** e **ir**
- los verbos similares a **gustar**

Presenten su diálogo a la clase. ¡Sean creativos/as!

contextos

1 **Horizontales:** 3. maquillaje 5. pantuflas 6. jabón 9. despertador 10. toalla
Verticales: 1. crema de afeitar 2. lavabo 4. champú 7. baño 8. espejo

2 1. incorrecto; despedirse 2. incorrecto; maquillarse 3. correcto 4. incorrecto; enojarse 5. incorrecto; levantarse 6. incorrecto; acostar/acostarse 7. incorrecto; despertarse 8. incorrecto; cepillarse los dientes 9. correcto 10. incorrecto; secarse 11. incorrecto; ducharse 12. correcto

estructura

1.1 Reflexive verbs

1 Some answers will vary slightly. 1. Me levanto 2. Me ducho 3. me cepillo 4. me maquillo 5. me peino 6. me siento 7. Nos llamamos 8. nos enojamos 9. nos ponemos 10. Nos lavamos 11. nos dormimos 12. Se despierta/Se levanta 13. se baña/se ducha 14. se viste 15. se queda 16. se afeita 17. se va 18. se preocupa

1.2 Indefinite and negative words

1 **A.** 1. b 2. c 3. c 4. a 5. a 6. c 7. b 8. a 9. b 10. c **B.** Answers will vary.

2 **A.** Some answers may vary slightly. 1. No, no quiero conocer ninguno de sus productos. 2. No, nunca me maquillo. 3. No, no me gusta ningún champú. 4. No, no deseo comprar ninguno de esos espejos. 5. No, no quiero comprar ni jabones ni toallas. 6. No, no pienso volver al centro comercial jamás/nunca. 7. Nadie en mi familia necesita un champú especial. 8. No, no deseo probar ninguna de sus cremas de afeitar. 9. No, tampoco quiero lavarme los dientes con su pasta de dientes. 10. A mí tampoco me gusta contestar preguntas. **B.** Answers will vary.

1.3 Preterite tense of *ser* and *ir*

1 Some answers will vary. Sample answers: 1. Ayer fue un día muy frío. (ser) 2. El lunes fui al centro comercial con Luis. (ir) 3. Manuela y yo fuimos al cine la semana pasada. (ir) 4. Mis primos fueron a la piscina anoche. (ir) 5. Yo fui a Salamanca el año pasado. (ir) 6. Juan fue presidente del equipo de fútbol durante/por dos años. (ser) 7. ¿Tú fuiste novia de mi hermano? (ser) 8. Ellos fueron al baile de la escuela. (ir) 9. Nuestros padres fueron muy felices. (ser) 10. Tu bisabuela fue una mujer muy elegante. (ser)

2 **A.** 1. fue 2. Fui 3. fuimos 4. fueron 5. fue 6. fuimos 7. fuimos 8. fue 9. fuimos 10. fueron 11. fui 12. fue **B.** Answers will vary.

1.4 Verbs like *gustar*

1 Answers will vary.

2 Answers will vary. Sample answers: 1. me aburre correr en el parque los domingos. 2. me encantan las clases de matemáticas. 3. me molesta levantarme tarde los fines de semana. 4. me fascina ir de compras. 5. la blusa rosada no me queda bien. 6. no me importa ninguna revista de moda. 7. siempre me falta dinero para comprar ropa nueva. 8. no me interesa la televisión. 9. me molesta visitar a mis primos en Costa Rica. 10. me fascina todo, no soy para nada aburrida.

information gap activities

Answers will vary.

surveys

Answers will vary.

role-plays

Answers will vary.

¡a repasar!

1 **los verbos reflexivos:** 1. acostarse 2. ponerse 3. secarse **las palabras indefinidas o negativas:** 1. alguien 2. siempre 3. tampoco **el baño:** 1. el champú 2. el inodoro 3. la toalla

2 1. enojarse 2. zapatillas 3. aburrir 4. siempre

3 1. se cepilla 2. nos ponemos 3. se levanta/se acuesta/se duerme 4. se prueban/se ponen

4 1. Nunca 2. nada 3. ningún 4. nadie

5 1. fui 2. fue 3. fuimos 4. fueron

6 1. a 2. b 3. b 4. c

7 Answers may vary. Sample answers: 1. no quiero comprar ningún vestido. 2. no me gusta ninguna de estas películas. 3. no quiero ni seguir caminando ni quiero sentarme. 4. no quiero hablar con nadie.

8 Answers will vary.

contextos

1   **Correcto o incorrecto** Mira cada ilustración y decide si cada palabra corresponde a cada imagen. Si es incorrecta, escribe la palabra apropiada.

el camarero   ◯

1. _____

el café   ◯

2. _____

las uvas   ◯

3. _____

la leche   ◯

4. _____

el tomate   ◯

5. _____

la hamburguesa   ◯

6. _____

el cereal   ◯

7. _____

las zanahorias   ◯

8. _____

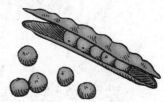

la langosta   ◯

9. _____

los sándwiches   ◯

10. _____

los champiñones   ◯

11. _____

las arvejas   ◯

12. _____

contextos

2 **El intercambio** Imaginen que viven en una ciudad donde no existe el dinero. Cuando alguien necesita comida o cualquier producto, solamente puede conseguirlo a través (*through*) de un intercambio (*exchange*). Su profesor(a) les entrega un cuadro con un menú y una lista de productos para intercambiar. Necesitas conseguir los productos para preparar tu menú; también tienes algunos productos para intercambiar por los que necesitas. Camina por la clase y habla con tus compañeros/as. Escribe el nombre de la persona con quien intercambias los productos. Recuerda usar el vocabulario de esta lección.

Modelo

Estudiante 1: Hola. Estoy buscando unos espárragos.

Estudiante 2: Ay, lo siento, no tengo espárragos.

Estudiante 3: Yo tengo unos espárragos. ¿Qué me puedes dar a cambio?

Estudiante 1: Tengo carne, jugo de uva, leche…

Estudiante 3: Leche, necesito leche.

Estudiante 1: Excelente. Entonces yo te doy la leche y tú me das los espárragos.

2 El intercambio

Time: 30 minutes

Resources: Barter charts

Instructions: Photocopy the barter charts and cut out as many as needed. Give each student a chart and tell them to imagine they live in a city where money doesn't exist and that the only way to get food is by bartering. Explain that the menus list the items that they need and the items they can exchange to get what they need. Students should walk around the room and talk to their classmates in order to find people they can exchange their product(s) with. Students should write the name of the person they barter with next to each item. Tell students to be prepared to share their menus with the class.

You can create your own exchange charts if you need to. You can also vary the activity by asking students to write their own menu and/or bring real ingredients to class.

2 Barter charts

Tu menú	Nombre	Productos para intercambiar	Nombre
sopa de cebolla		sándwich de jamón y queso	
ensalada de verduras		espárragos	
bistec		arroz	
jugo de naranja		jugo de banana	

Tu menú	Nombre	Productos para intercambiar	Nombre
queso		sopa de tomate	
pan		papas fritas	
huevos		tomate	
café con leche		chuleta de cerdo	

Tu menú	Nombre	Productos para intercambiar	Nombre
pollo asado con champiñones		leche	
ensalada de zanahoria y arvejas		salchicha	
té helado		maíz	
pimienta		lechuga	

Tu menú	Nombre	Productos para intercambiar	Nombre
sopa de verduras		salmón	
carne de res		agua mineral	
lechuga		yogur	
jugo de uva		pimienta	

Tu menú	Nombre	Productos para intercambiar	Nombre
hamburguesa		langosta	
refresco		pan	
papas fritas		mayonesa	
manzana		leche	

2 Barter charts

Tu menú	Nombre	Productos para intercambiar	Nombre
sándwich de jamón y queso		té helado	
leche		pollo asado con champiñones	
maíz		sopa de cebolla	
mayonesa		manzana	

Tu menú	Nombre	Productos para intercambiar	Nombre
langosta		bistec	
jugo de manzana		refresco	
espárragos		pan tostado	
tomate		huevos	

Tu menú	Nombre	Productos para intercambiar	Nombre
salmón		queso	
pan tostado		sopa de verduras	
sopa de tomate		ensalada de verduras	
jugo de banana		jugo de manzana	

Tu menú	Nombre	Productos para intercambiar	Nombre
chuleta de cerdo		jugo de naranja	
frijoles		cereal	
arroz		carne de res	
agua mineral		café con leche	

Tu menú	Nombre	Productos para intercambiar	Nombre
cereal		frijoles	
yogur		ensalada de zanahoria y arvejas	
salchicha		jugo de uva	
leche		hamburguesa	

2 | Barter charts

Tu menú	Nombre	Productos para intercambiar	Nombre

Tu menú	Nombre	Productos para intercambiar	Nombre

Tu menú	Nombre	Productos para intercambiar	Nombre

Tu menú	Nombre	Productos para intercambiar	Nombre

Tu menú	Nombre	Productos para intercambiar	Nombre

estructura

2.1 Preterite of stem-changing verbs

1   **Identificar** Completa las oraciones con la forma correcta del pretérito de los verbos de la lista.

dormirse	seguir	servir
pedir	sentirse	vestirse

1. Nosotros les _____ jugo de frutas y sopa a los camareros.

2. Viviana y Emilio _____ con su mejor ropa para ir a la fiesta.

3. Ayer, Liliana _____ muy mal por la mañana.

4. Mi mamá nos _____ un pollo delicioso en el almuerzo.

5. Susana _____ a las once de la noche.

6. Gloria _____ las instrucciones de Marina para patinar sobre el hielo (*ice*).

estructura

2.2 Double object pronouns

1 **Un camarero responsable** Ernesto y su hermano trabajan en el mismo restaurante. Ernesto es ordenado y responsable, pero su hermano es muy fastidioso (*annoying*) y le hace preguntas sobre su trabajo todo el tiempo. Escribe las respuestas de Ernesto. Sigue el modelo.

> **Modelo**
>
> Ernesto, ¿por qué no me preparaste las hamburguesas? (tú)
> Yo sí te las preparé.

1. Ernesto, ¿por qué no me llevé un pollo asado a mi casa anoche? (tú)

   Tú sí _____

2. Ernesto, ¿por qué no le preparaste el bistec a la señora Soto?

   Yo sí _____

3. Ernesto, ¿por qué no les recomendaste los entremeses a los señores Campos?

   Yo sí _____

4. Ernesto, ¿por qué no te comiste las verduras? (tú)

   Yo sí _____

5. Ernesto, ¿por qué Octavio y Mónica no me compraron los refrescos en el supermercado? (tú)

   Ellos sí _____

6. Ernesto, ¿por qué no estás mostrándoles el menú a los clientes?

   Yo sí _____

7. Ernesto, ¿por qué no les estás ofreciendo la sopa de tomate a los jóvenes?

   Yo sí _____

8. Ernesto, ¿por qué Camilo y tú no se tomaron los cafés esta mañana?

   Nosotros sí _____

9. Ernesto, ¿por qué no le serviste una ensalada a Claudia?

   Yo sí _____

10. Ernesto, ¿por qué no te comiste el sándwich de atún?

    Yo sí _____

estructura

2.2 Double object pronouns

2 **Una amiga fastidiosa**

A. Teresa y Berta son amigas y se encuentran (*meet each other*) en el parque. Completa el diálogo con los pronombres de objeto directo e indirecto correctos.

BERTA Hola, Teresa, ¿cómo estás?

TERESA Muy bien. Voy al restaurante a llevarle el uniforme a Ernesto.

BERTA ¿(1) _____ vas a llevar?

TERESA Sí, (2) _____ voy a llevar. Además, quiero hablar con su jefe; voy a venderle mi casa.

BERTA Ay no, amiga, ¿por qué no (3) _____ vendes a mí?

TERESA Voy a pensarlo. Pero creo que tú no tienes dinero.

BERTA No, no tengo dinero. ¿Por qué tú no (4) _____ prestas?

TERESA ¿Estás loca? ¡No voy a prestarte dinero para comprar mi casa!

BERTA Entonces, ¿por qué no (5) _____ das?

TERESA Ay, Berta. Bueno, me voy. También tengo que ir a llevarle una carta a José.

BERTA ¿Por qué no me das la carta? Yo (6) _____ llevo.

TERESA No, amiga, muchas gracias. Tengo que dársela yo.

BERTA No, no (7) _____ lleves todavía. ¿Por qué no vemos qué dice la carta?

TERESA ¡Berta!

BERTA Qué antipática eres. Bueno, y tu casa, ¿sí (8) _____ vas a vender?

TERESA ¡Nunca (9) _____ voy a vender!

B. En parejas, representen el diálogo completo ante la clase.

estructura

2.3 Comparisons

1 **Comparaciones**

A. Elige la opción correcta para completar cada comparación.

1. Hoy no está haciendo _____ calor como ayer.

   a. menos   b. tanto

2. Nuestra familia es _____ grande que la familia de nuestro amigo Tulio.

   a. tanta   b. menos

3. El gato de David es _____ bonito que el gato de Mariana.

   a. más   b. tan

4. Tú papá es _____ delgado que el papá de Nubia.

   a. más   b. tantas

5. Yo no puedo comer _____ frutas como tú.

   a. menos   b. tantas

6. El pavo no es _____ delicioso como el salmón.

   a. más   b. tan

7. El examen de biología fue _____ difícil que el examen de matemáticas.

   a. menos   b. tan

8. Mi profesor de música es _____ interesante que mi profesor de química.

   a. tanto   b. más

9. Lina es _____ trabajadora que su hermana Clara.

   a. menos   b. tantas

10. Los restaurantes de El Salvador no son _____ buenos como los restaurantes de México.

    a. tan   b. más

B. Ahora completa las comparaciones con la información que prefieras. Compártela con la clase.

1. _____ es más interesante que _____.

2. _____ es tan guapo/a como _____.

3. _____ es menos importante que _____.

4. _____ comen tanto como _____.

5. _____ sirve tantos platos como _____.

6. _____ es más grande que _____.

7. _____ es menos inteligente que _____.

8. _____ es tan alto como _____.

9. _____ habla tanto como _____.

10. _____ es más simpático/a que _____.

estructura

2.3 Comparisons

2 **¿Cuál es mejor?** Mira las ilustraciones de la cafetería de una escuela y de un restaurante del centro. Escribe comparaciones de las dos ilustraciones.

Cafetería de la escuela   **Restaurante *El Salmón***

1. _____

_____

2. _____

_____

3. _____

_____

4. _____

_____

5. _____

_____

6. _____

_____

7. _____

_____

8. _____

_____

9. _____

_____

10. _____

_____

Lección 2 Estructura   **35**

estructura

2.4 Superlatives

1 **Lorenzo, un chico vanidoso**

A. Lorenzo es un chico muy vanidoso (*vain*) y siempre quiere ser el mejor en todo. Usa estos elementos para escribir las respuestas de Lorenzo a los comentarios de su hermana menor, Ángela. Sigue el modelo.

> **Modelo**
> **Rosa está muy enamorada de ti. (chico / + / guapo / ciudad)**
> *Eso es porque yo soy el chico más guapo de la ciudad.*

> **Modelo**
> **Raúl y su equipo perdieron su partido hoy. (peores / jugadores de vóleibol / mundo)**
> *Eso es porque ellos son los peores jugadores de vóleibol del mundo.*

1. Nuestro papá es muy guapo. (hombre / + / atlético / Colombia)

   _____

2. Tu amiga Rita canta muy mal. (cantante / - / talentosa (*talented*) / este país)

   _____

3. Con ese traje te ves muy elegante. (chico / + / alto y guapo / familia)

   _____

4. A nuestra mamá la conocen todos en la escuela. (mujer / + / importante / ciudad)

   _____

5. Nuestro primo Ramiro compró una casa hermosa. (hombre / + / rico / Ecuador)

   _____

6. Tu examen de matemáticas fue excelente. (mejor / estudiante / escuela)

   _____

7. Nuestros papás te permiten salir a bailar todos los fines de semana y a mí no. (hermano / mayor)

   _____

8. En tu trabajo todos te prefieren. (empleado / + / trabajador / museo)

   _____

9. Cuando caminas por el parque, todos te saludan. (persona / + / amable / parque)

   _____

10. A tus amigos les gusta mucho hablar conmigo (*with me*). (hermana menor / + / simpática / mundo)

    _____

 B. Ahora, en parejas, imaginen que la novia de Lorenzo, Emilia, es su compañera de clase. Ella también es muy vanidosa. Escriban una conversación similar a la que tiene Lorenzo con su hermana.

information gap activity

Estudiante 1

1 **Crucigrama** (student text p. 53) Tú y tu compañero/a tienen un crucigrama (*crossword puzzle*) incompleto. Tú tienes las palabras que necesita tu compañero/a y él/ella tiene las palabras que tú necesitas. Tienen que darse pistas (*clues*) para completarlo. No pueden decir la palabra; deben utilizar definiciones, ejemplos y frases.

> **modelo**
> **6 vertical:** Es un *condimento que normalmente viene con la sal.*
> **12 horizontal:** Es una *fruta amarilla.*

Lección 2 Information Gap Activities | **37**

information gap activity

Estudiante 2

1 **Crucigrama** (student text p. 53) Tú y tu compañero/a tienen un crucigrama (*crossword puzzle*) incompleto. Tú tienes las palabras que necesita tu compañero/a y él/ella tiene las palabras que tú necesitas. Tienen que darse pistas (*clues*) para completarlo. No pueden decir la palabra; deben utilizar definiciones, ejemplos y frases.

> **modelo**
> **6 vertical:** Es un *condimento* que normalmente viene con la sal.
> **12 horizontal:** Es una fruta amarilla.

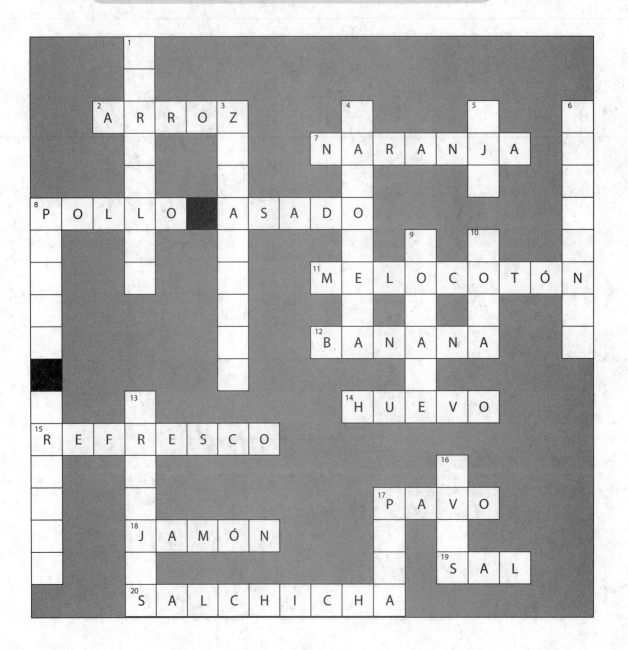

information gap activity

Estudiante 1

2 **Regalos de Navidad** (student text p. 66) Tú y tu compañero/a tienen una parte de la lista de los regalos de Navidad (*Christmas gifts*) que Berta pidió y los regalos que sus parientes le compraron. Conversen para completar sus listas.

> **modelo**
>
> **Estudiante 1:** ¿Qué le pidió Berta a su mamá?
> **Estudiante 2:** Le pidió una computadora. ¿Se la compró?
> **Estudiante 1:** Sí, se la compró.

	Lo que Berta pidió	Lo que sus parientes le compraron
1.	a su mamá:	su mamá: una computadora
2.	a su papá: un estéreo	su papá:
3.	a su abuelita: una bicicleta	su abuelita:
4.	a su tío Samuel:	su tío Samuel: una mochila
5.	a su hermano Raúl:	su hermano Raúl: zapatos de tenis
6.	a su hermanastra: zapatos de tenis	su hermanastra:
7.	a sus tíos Juan y Rebeca: sandalias	sus tíos Juan y Rebeca:
8.	a su prima Nilda:	su prima Nilda: un sombrero

Lección 2 Information Gap Activities   **39**

information gap activity

Estudiante 2

2 **Regalos de Navidad** (student text p. 66) Tú y tu compañero/a tienen una parte de la lista de los regalos de Navidad (*Christmas gifts*) que Berta pidió y los regalos que sus parientes le compraron. Conversen para completar sus listas.

> **modelo**
>
> **Estudiante 1:** ¿Qué le pidió Berta a su mamá?
> **Estudiante 2:** Le pidió una computadora. ¿Se la compró?
> **Estudiante 1:** Sí, se la compró.

	Lo que Berta pidió	Lo que sus parientes le compraron
1.	a su mamá: una computadora	su mamá:
2.	a su papá:	su papá: una radio
3.	a su abuelita:	su abuelita: un suéter
4.	a su tío Samuel: una mochila	su tío Samuel:
5.	a su hermano Raúl: una blusa	su hermano Raúl:
6.	a su hermanastra:	su hermanastra: sandalias
7.	a sus tíos Juan y Rebeca:	sus tíos Juan y Rebeca: un libro
8.	a su prima Nilda: una camisa	su prima Nilda:

information gap activity

Práctica

3   **Completar** Con la información en esta hoja, completa las oraciones en tu libro de texto acerca de (*about*) José, Ana y sus familias con palabras de la lista.

NOMBRE: José Valenzuela Carranza

NACIONALIDAD: venezolano

CARACTERÍSTICAS: 5'6", 22 años, moreno y muy, muy guapo

PROFESIÓN: periodismo; premio (*award*) Mejor Periodista de la Ciudad

FAMILIA: Abuelo (98 años), abuela (89 años), mamá, papá, 7 hermanas
y hermanos mayores y más altos

GUSTOS: trabajar muchísimo en su profesión y leer literatura
ir a muchas fiestas, bailar y cantar
viajar por todo el mundo
jugar al baloncesto con sus hermanos (pero juega demasiado mal)
estar con Fifí, una perra (*dog f.*) refinadísima, pero muy antipática

---

NOMBRE: Ana Orozco Hoffman

NACIONALIDAD: mexicana

CARACTERÍSTICAS: 5'9", 28 años, morena de ojos azules

PROFESIÓN: medicina

FAMILIA: Mamá, papá, madrastra, dos medios hermanos,
Jorge de 11 años y Mauricio de 9

GUSTOS: viajar
jugar al baloncesto (*#1* del estado), nadar, bucear y esquiar
hablar alemán
jugar juegos (*games*) electrónicos con sus hermanitos
(No juega mal. Jorge es excelente.)

Lección 2 Information Gap Activities

survey

1

Para ti, ¿cuál es...? Convierte las oraciones de la primera columna en preguntas, agrega dos preguntas al final de esa misma columna. Camina por el salón de clase, encuesta a tus compañeros/as y escribe sus nombres y sus respuestas en la columna correcta. Sigue el modelo. Al final, comparte los resultados con la clase.

> **Modelo**
>
> **un queso sabroso**
> **Estudiante 1:** Para ti, ¿cuál es el queso más sabroso?
> **Estudiante 2:** Para mí, el queso más sabroso es el queso *Cheez Whiz*.
> **Estudiante 1:** ¿En serio? Puaf (*Yuck*), *Cheez Whiz* es el queso más asqueroso (*disgusting*) del mundo.

Categorías	Nombre	Respuesta
un queso sabroso	*Elena*	*el queso Cheez Whiz*
1. una comida deliciosa		
2. la peor verdura		
3. la mejor bebida		
4. una carne sabrosa		
5. un pescado rico		
6. un buen restaurante		
7. un camarero malo		
8. un menú completo		
9. un almuerzo grande		
10. una comida importante		
11. ¿?		
12. ¿?		

role-play

1

Un nuevo restaurante En parejas, imaginen que van a abrir un nuevo restaurante. Primero, lean las listas de ingredientes y escojan una de ellas o escriban una propia. Luego, creen un Menú del Día, en éste debe haber al menos dos platos y una bebida; deben decidir cuál va a ser la especialidad de su restaurante. Recuerden escoger un buen nombre para el restaurante y para los platos. En su presentación, deben incluir el vocabulario y la gramática de esta lección. Escojan una pareja al azar (*at random*) para que actúen como los clientes y presenten su restaurante y su especialidad a sus compañeros/as de clase. ¡Sean creativos/as!

Modelo

Camarero 1: Bienvenidos al nuevo restaurante El Entremés.

Cliente 1: Muchas gracias, ¿qué nos recomiendan?

Camarero 2: Les recomendamos la especialidad de la casa, el yogur de melocotón con arvejas.

Cliente 2: ¿Yogur con arvejas? ¿A qué sabe esa comida?

Camarero 1: Sabe a sopa con azúcar. ¡Es muy deliciosa!

la banana el limón la manzana el melocotón	la naranja la pera la uva	la cebolla el champiñón la ensalada los espárragos	los frijoles las papas la zanahoria
el atún los camarones la chuleta (de cerdo) el jamón	los mariscos la salchicha el salmón	el ajo el azúcar el huevo la pimienta	el queso la sopa el vinagre
el café el jugo de naranja el jugo de manzana la leche	el refresco el té (helado) el jugo de uvas	(*crea tu propia lista*)	

role-play

2 **Un camarero grosero** En grupos, su profesor(a) les entrega una tarjeta con un escenario. Escojan sus roles y preparen una escena de cinco minutos; sigan las instrucciones de la tarjeta. Recuerden incluir el vocabulario y la gramática de esta lección. Presenten la conversación a la clase. ¡Sean creativos/as!

Modelo

Cliente 1: Buenos días.

Camarero: ¿Qué tal? ¿Qué quieren?

Cliente 2: Buenos días. Hicimos una reservación ayer. Mi nombre es Darío Fernández.

Camarero: ¿Fernández? Lo siento, señor. No lo encuentro.

Cliente 1: ¿Y no puede darnos alguna mesa? Hay muchas mesas.

Camarero: No, no puedo.

Cliente 2: Pero, señor, tenemos reservación.

Camarero: No me importa. ¿Por qué no van al restaurante de enfrente? Aquí no hay mesas.

Cliente 1: ¡Pero hay muchísimas mesas! ¿Cuál es su problema?

Cliente 2: ¡Usted es el peor camarero de la ciudad!

role-play

2 Un camarero grosero

Time: 30 minutes

Resources: Role-play cards

Instructions: Photocopy the role-play cards and cut out as many as needed. Have students form groups of three. Then, hand each group one of the situations; students should each choose a role and then together prepare a five-minute skit using the vocabulary and grammar from the lesson. Make sure all students participate. At the end, poll the class to vote on which skit was the most creative, fun, interesting, etc.

Give groups of three 15 minutes to prepare and five to seven minutes to present. If you cannot divide the class into groups of 3, or if you want the skits to be shorter, you can create smaller groups by cutting one of the "secondary" characters from each set of cards.

You can vary the activity by asking students to come dressed as their characters and prepare their own TV set. Students can also film their conversations and share them with the class.

2 Role-play cards

Tú eres un(a) camarero/a del restaurante *Delicias*. Eres muy antipático/a y las personas que acaban de llegar al restaurante no te gustan. Les dices que no encuentras su reservación y tampoco les quieres dar ninguna de las mesas disponibles (*available*).

Esta noche vas al restaurante *Delicias* a cenar con un(a) amigo/a. Ustedes hicieron una reservación, pero el/la camarero/a les dice que no la encuentra. Tú estas muy enojado/a y comienzas a gritarle (*shout*) al/a la camarero/a.	Esta noche vas al restaurante *Delicias* a cenar con un(a) amigo/a. Ustedes hicieron una reservación, pero el/la camarero/a les dice que no la encuentra. Tú eres una persona amable y quieres hablar con el/la camarero/a, pero tu amigo/a no te lo permite (*won't allow you*).

Tú eres un(a) camarero/a del restaurante *Delicias*. Eres muy simpático/a y alegre, y te enamoras con mucha facilidad (*easily*). Unas personas acaban de llegar al restaurante y uno/a de los/las chicos/as es tan hermoso/a que no puedes dejar de mirarlo/la. Sus amigos/as se dan cuenta, pero no se preocupan, sólo quieren pedir su almuerzo. Tú solamente quieres decirle al/a la chico/a que es el hombre/la mujer más hermoso/a del mundo.

Esta noche vas al restaurante *Delicias* a almorzar con unos/as amigos/as. Cuando ustedes llegan al restaurante te das cuenta de que el/la camarero/a es muy guapo/a. Tú sólo quieres hablar con el/la camarero/a y saber cómo se llama, pero tus amigos/as insisten en preguntarte qué quieres pedir.	Esta noche vas al restaurante *Delicias* a almorzar con unos/as amigos/as. El/La camarero/a está mirando mucho a uno/a de tus amigos/as, pero no te importa porque tienes mucha hambre e insistes en pedir tu almuerzo y en preguntarle a tu amigo/a qué quiere pedir.

Tú eres un(a) camarero/a del restaurante *Delicias*. Eres muy ordenado/a y trabajador(a) y te gusta que los/las clientes/as coman mucho. Acaban de llegar dos clientes/as que quieren solamente un jugo de frutas, pero tú insistes en ofrecerles diferentes platos.

Hace mucho calor y tu amigo/a y tú entran al restaurante *Delicias* para tomar un jugo. El/La camarero/a insiste en ofrecerles diferentes platos, pero tú solamente quieres pedir un jugo de naranja y no quieres permitirle a tu amigo/a pedir algún plato, porque no tienen mucho dinero.	Hace mucho calor y tu amigo/a y tú entran al restaurante *Delicias* para tomar un jugo. El/La camarero/a insiste en ofrecerles diferentes platos y tú estás empezando a pensar que quieres algo más que un jugo, pero debes convencer (*convince*) a tu amigo/a.

2 Role-play cards

Tú eres un(a) camarero/a del restaurante *Delicias*. Hoy estás muy aburrido/a y te sientes cansado/a. Acaban de llegar dos clientes/as y te piden unos platos. Cuando los traes, de repente, cambian de opinión (*change their mind*) y te piden otros diferentes y, luego, otra vez. Tú pierdes la paciencia y los/las echas (*take them out*) del restaurante.

Tú y tu papá/mamá llegan a cenar al restaurante *Delicias*. Piden un plato, pero cuando llega, no se ve delicioso y tú decides pedir algo diferente. El próximo plato tampoco se ve delicioso y decides pedir otro. Comienzas a decirle al/a la camarero/a que él/ella es el/la peor camarero/a del mundo y que la comida de su restaurante es horrible.	Tú y tu hijo/a llegan a cenar al restaurante *Delicias*. Piden un plato, pero cuando llega, tu hijo/a piensa que no se ve delicioso y decide pedir algo diferente. El próximo plato tampoco le gusta y pide otro. Tú pierdes la paciencia con tu hijo/a porque tienes mucha hambre y te das cuenta (*realize*) de que el/la camarero/a está muy enojado/a.

¡a repasar!

¡A repasar!

---

1 **Ordenar** Ordena las palabras de la lista en las categorías correctas.

| el café | el té helado | los frijoles | el melocotón | la uva |
| la cebolla | los espárragos | la manzana | el refresco | |

las verduras	**las frutas**	**las bebidas**
1. _____	_____	_____
2. _____	_____	_____
3. _____	_____	_____

---

2 **Definiciones** Escribe la palabra que corresponde a cada definición. Recuerda incluir **el**, **la**, **los** o **las**.

1. _____ es la persona que les recomienda y les sirve los platos a los clientes en un restaurante.

2. _____ son unos alimentos pequeños que se comen antes del plato principal.

3. _____ es un plato que consiste en dos panes redondos, con queso y carne en su interior.

4. _____ es un líquido que no tiene ni sabor ni olor y lo tomas cuando tienes sed.

---

3 **¿Qué comida?** Elige la opción que completa correctamente cada oración.

1. El camarero nos recomendó la sopa de _____.

   a. sándwich   b. mayonesa   c. arvejas

2. Nosotros comimos _____ en el almuerzo.

   a. margarina y leche   b. un sándwich y un refresco   c. pimienta y agua

3. El _____ sabe a pescado.

   a. pollo   b. bistec   c. salmón

4. Ellas pidieron _____ en el desayuno.

   a. cebolla con mantequilla   b. cereales con leche   c. lechuga con aceite

---

4 **Mi hermano es buenísimo** Completa el párrafo con las palabras de la lista.

| guapísimo | mayor | mejor | menor | muchísimo | peor |

Yo tengo el (1) _____ hermano del mundo, Pablo. Yo tengo 14 años, soy la (2) _____ de la familia; él tiene 19, es el hermano (3) _____. Él es (4) _____ y muy inteligente, pero es el (5) _____ cocinero del mundo. Ayer comí algo que él cocinó y me sentí mal. Él se preocupó y llamó al doctor. Después de dos horas, me sentí (6) _____ mejor. Ay, ¡amo a mi hermano!

---

5 **Completar** Completa las oraciones con el pretérito de los verbos en paréntesis.

1. En el restaurante, Lina _____ (pedir) un delicioso pollo asado.

2. Luis y Gabriela _____ (salir) a bailar el sábado pasado.

3. El camarero nos _____ (servir) el plato equivocado.

4. Diana y Cristina _____ (sentirse) mal después del almuerzo.

6 **Reescribir** Reescribe cada oración. Usa los pronombres de objeto directo e indirecto correctos. Sigue el modelo.

> **Modelo**
>
> **El camarero les sirvió los jugos.**
> El *camarero se los sirvió.*

1. Mauricio va a llevarle el diccionario a su hija a la escuela.

_____

2. Los señores Londoño les sirven un desayuno muy sabroso a sus invitados.

_____

3. Octavio y yo te trajimos los zapatos.

_____

4. Tú me escribiste un correo electrónico la semana pasada.

_____

7 **Comparaciones** Escribe las comparaciones correctas para cada caso. Sigue el modelo.

> **Modelo**
>
> **Los entremeses son pequeños. (+ / plato principal)**
> Los *entremeses son más pequeños que el plato principal.*

1. El pavo es muy delicioso. (+ / pollo)

_____

2. Tú hermana es elegante. (- / Sandra)

_____

3. Esa falda rosada es barata. (+ / blusa verde)

_____

4. Anoche, nosotros nos dormimos temprano. (+ / nuestros primos)

_____

8 **¡A practicar!** En grupos de cuatro personas, preparen un programa de televisión dedicado a la comida, donde presentan una receta. Incluyan:

• el vocabulario (las comidas, las frutas, las verduras, la carne y el pescado, otras comidas, las bebidas, etc.)
• el pretérito de los verbos irregulares
• los pronombres de objeto directo e indirecto
• los comparativos
• los superlativos

Presenten su programa a la clase. Pueden traer comida de verdad a la clase, preparar la receta y compartirla con sus compañeros/as. ¡Sean creativos/as!

contextos

1 1. correcto 2. incorrecto; la leche 3. incorrecto; los sándwiches 4. incorrecto; los champiñones 5. correcto 6. incorrecto; las bananas, los bananos 7. incorrecto; las uvas 8. incorrecto; la langosta 9. incorrecto; las arvejas 10. incorrecto; el cereal 11. incorrecto; la hamburguesa 12. incorrecto; las zanahorias

2 Answers will vary.

estructura

2.1 Preterite of stem-changing verbs

1 1. pedimos 2. se vistieron 3. se sintió 4. sirvió 5. se durmió 6. siguió

2.2 Double object pronouns

1 1. Tú sí te lo llevaste. 2. Yo sí se lo preparé. 3. Yo sí se los recomendé. 4. Yo sí me las comí. 5. Ellos sí te los compraron. 6. Yo sí se lo estoy mostrando / estoy mostrándoselo. 7. Yo sí se la estoy ofreciendo / estoy ofreciéndosela. 8. Nosotros sí nos los tomamos. 9. Yo sí se la serví. 10. Yo sí me lo comí.

2 A. 1. Se lo 2. se lo 3. me la 4. me lo 5. me lo/la 6. se la 7. se la 8. me la 9. te la B. Answers will vary.

2.3 Comparisons

1 A. 1. b 2. b 3. a 4. a 5. b 6. b 7. a 8. b 9. a 10. a B. Answers will vary

2 Answers will vary.

2.4 Superlatives

1 1. Eso es porque nuestro papá es el hombre más atlético de Colombia. 2. Eso es porque ella es la cantante menos talentosa de este país. 3. Eso es porque yo soy el chico más alto y guapo de la familia. 4. Eso es porque nuestra mamá es la mujer más importante de la ciudad. 5. Eso es porque Ramiro es el hombre más rico de Ecuador. 6. Eso es porque yo soy el mejor estudiante de la escuela. 7. Eso es porque yo soy el hermano mayor. 8. Eso es porque yo soy el empleado más trabajador del museo. 9. Eso es porque yo soy la persona más amable del parque. 10. Eso es porque tú eres la hermana menor más simpática del mundo. B. Answers will vary.

information gap activities

Answers will vary.

surveys

Answers will vary.

role-plays

Answers will vary.

¡a repasar!

1 **las verduras:** 1. la cebolla 2. los espárragos 3. los frijoles **las frutas:** 1. la manzana 2. el melocotón 3. la uva **las bebidas:** 1. el café 2. el té helado 3. el refresco

2 1. el camarero 2. los entremeses 3. la hamburguesa 4. el agua (mineral)

3 1. c 2. b 3. c 4. b

4 1. mejor 2. menor 3. mayor 4. guapísimo 5. peor 6. muchísimo

5 1. pidió 2. salieron 3. sirvió 4. se sintieron

6 1. Mauricio se lo va a llevar. 2. Los señores Londoño se lo sirven. 3. Octavio y yo te los trajimos. 4. Tú me lo escribiste la semana pasada.

7 1. El pavo es más delicioso que el pollo. 2. Tu hermana es menos elegante que Sandra. 3. Esa falda rosada es más barata que la blusa verde. 4. Anoche, nosotros nos dormimos más temprano que nuestros primos.

8 Answers will vary.

contextos

Lección 3

1 **Crucigrama** Resuelve el crucigrama.

Horizontales

2. una preparación muy fría y compacta a base de leche y azúcar

6. etapa de la vida donde una persona ya no es un niño pero tampoco es un joven

7. sensación de estar contento/a

9. el nombre de la relación que tienen dos o más personas que son amigas

10. conjunto de sentimientos bonitos que unen a una persona con su pareja

Verticales

1. un hombre que no está casado

3. postre suave (*soft*) hecho (*made*) con huevos, leche y azúcar

4. dos personas que tienen una relación sentimental

5. reunión (*gathering*) de personas para celebrar algo, como un cumpleaños, por ejemplo

8. ceremonia en la que una pareja se casa

contextos

2 **Una fiesta** En parejas, escojan una lista de palabras. Preparen una conversación divertida de dos o tres minutos donde usen las palabras de esa lista.

Modelo

Estudiante 1: Hola, amiga, ¿cómo estuvo tu cumpleaños?

Estudiante 2: Pues, muy mal. Mi hermana olvidó comprar el pastel de chocolate.

Estudiante 1: Y, entonces, ¿qué hicieron?

Estudiante 2: Nada. Celebramos mi cumpleaños tomando sopa de tomate.

Estudiante 1: ¿Sopa de tomate?

Estudiante 2: Sí. Lo pasamos realmente mal. Lo peor fue cuando Natalia se fue a comprar un pastel y llegó dos horas más tarde, ¡con una galleta!

Estudiante 1: ¿Qué? Y ¿por qué?

Estudiante 2: Porque el centro comercial cierra a las 10 de la noche y ella llegó a las 10:30. No nos quedó más que compartir la galleta, ¡entre 20 personas!

Estudiante 1: ¡Ja, qué divertido!

el aniversario de bodas	el cumpleaños
el flan de caramelo	la galleta
el matrimonio	la pareja
la madurez	la adolescencia
pasarlo bien	pasarlo mal
romper con	separarse
la Navidad	la boda
el helado	el pastel de chocolate
la amistad	el amor
la vejez	la juventud
celebrar	divertirse
comprometerse con	tener una cita

estructura

3.1 Irregular preterites

1 **Identificar** Mira cada imagen y completa las oraciones con la forma correcta del pretérito de los verbos del cuadro.

conducir	decir	haber	poder	querer	traer
dar	estar	hacer	poner	tener	venir

1. Ayer, Daniel no _____ tiempo para limpiar su casa.

2. Todos los parientes de Marcos _____ a su fiesta de cumpleaños.

3. El agente les _____ el precio de los pasajes a Natalia y a Andrés.

4. Raúl no _____ compartir su pastel de cumpleaños con nosotros.

5. Yo _____ la mochila sobre la mesa.

6. Lina _____ muy enferma la semana pasada.

7. Mauricio no _____ salir a caminar ayer porque nevó mucho.

8. Mis papás _____ las maletas para el viaje esta mañana.

9. Manuel y yo le _____ un regalo a nuestro sobrino David.

10. María _____ muchas horas para llegar temprano a la casa de sus padres.

11. Luis le _____ una rosa a Reina.

12. El sábado pasado _____ una gran boda en la casa de Manuela.

estructura

3.2 Verbs that change meaning in the preterite

1 **Julián, un chico sin suerte**

A. Julián es un chico sin suerte (*luck*) y casi todo lo que hace le sale mal. Une las frases de la columna A con las frases de la columna B, para formar oraciones lógicas.

A

1. Julián le compró un regalo a su amigo Carlos para su cumpleaños...

2. Lilia invitó a Julián a correr al parque...

3. Julián y su mejor amigo, David, fueron al cine...

4. Sus sobrinos vinieron de visita y le pidieron arroz con pollo...

5. Julián les pidió ayuda a sus papás para hacer su tarea de español...

6. Julián quiso nadar ayer...

7. En su viaje a Puerto Rico, Julián conoció a una chica muy bonita...

8. Julián invitó a Eugenia a caminar en el parque...

9. Julián pidió trabajo en el restaurante...

10. Julián les dijo a sus padres que aprobó el examen de matemáticas...

B

_____ a. pero anoche sus padres supieron la verdad.

_____ b. pero ella no quiso salir con él.

_____ c. pero llegó tarde a la fiesta y no pudo entregárselo.

_____ d. pero el dueño no quiso dárselo.

_____ e. pero él no pudo correr ni un kilómetro.

_____ f. pero Julián no supo cómo prepararlo.

_____ g. pero no pudieron entrar a ver la película porque olvidaron llevar dinero para las entradas (*tickets*).

_____ h. pero no pudo porque la piscina estaba (*was*) fuera de servicio (*out of order*).

_____ i. pero ella no pudo ir porque se rompió una pierna.

_____ j. pero ellos no pudieron ayudarle porque solamente saben francés.

B. Ahora, escribe tres oraciones similares a las de la actividad A y divide cada una en dos frases. Reta a (*Challenge*) un(a) compañero/a a completar las oraciones.

A

1. _____
   _____

2. _____
   _____

3. _____
   _____

B

a. _____
   _____

b. _____
   _____

c. _____
   _____

estructura

3.2 Verbs that change meaning in the preterite

2 **La disculpa**

A. Marieta no pudo ir a la fiesta de cumpleaños de su amiga Bárbara. Completa el mensaje electrónico que le envía para pedirle disculpas y la respuesta de su amiga. Usa el pretérito de los verbos del cuadro.

> conocer   poder   querer   saber

Para: Bárbara | **De:** Marieta | **Asunto:** Lo siento

Hola, amiga:

Ay, amiga, no (1)_____ ir a tu fiesta ayer porque salí con mi novio. ¡Sí, ya tengo novio! Lo (2)_____ en una fiesta. La semana pasada nos vimos por primera vez. ¡Ay, no te imaginas! Cuando lo vi, (3)_____ que es el hombre de mi vida (*life*). Es alto, guapo e inteligente. (4)_____ llamarte anoche, pero no (5)_____ porque me quedé dormida... ¿Me perdonas?

Marieta

Para: Marieta | **De:** Bárbara | **Asunto:** Re: Lo siento

Hola, Mari:

No te preocupes, no estoy enojada contigo (*with you*) por no venir a mi fiesta. Yo tampoco (6)_____ llamarte porque mis padres llegaron desde Puerto Rico y no tuve tiempo. Además, mis hermanos y yo (7)_____ que saliste con ese chico, porque él es amigo de mis primos Ángel y León. Ellos lo (8)_____ en el semestre pasado. Por cierto (*By the way*), Ángel (9)_____ hablarte ayer cuando te vio en la escuela para decirte que tu novio también es novio de otra chica, pero tú no le (10)_____ contestar el saludo.

Bárbara

B. Ahora, es tu turno de escribirle a Bárbara un mensaje electrónico donde te excusas por no ir a su fiesta. ¡Sé (*Be*) creativo/a! Comparte tu mensaje con la clase.

Para: Bárbara | **De:** | **Asunto:**

---

estructura

3.3 ¿Qué? and ¿cuál?

1 **Fabio, un chico tímido**

A. Lina conoció a Fabio en una fiesta. Él es muy tímido (*shy*), pero interesante, y Lina tuvo que hacerle muchas preguntas para poder saber más de él. Lee las respuestas de Fabio y escribe las preguntas que le hizo Lina. Recuerda usar las palabras interrogativas **qué** y **cuál**.

1. —¿_____?

   —Prefiero el jugo de naranja.

2. —¿_____?

   —El flan es un postre.

3. —¿_____?

   —El anaranjado es mi color favorito.

4. —¿_____?

   —Hoy es viernes.

5. —¿_____?

   —La capital de Perú es Lima.

6. —¿_____?

   —Quiero tomar café con leche.

7. —¿_____?

   —Mi cumpleaños es el 2 de septiembre.

8. —¿_____?

   —Los fines de semana me gusta caminar y ver películas.

9. —¿_____?

   —Mi número de teléfono es 665-3588.

10. —¿_____?

   —Mi clase favorita es biología.

B. Ahora, escribe tres respuestas similares a las de la actividad A. Reta a (*Challenge*) un(a) compañero/a a escribir las preguntas.

1. —¿_____?

   —_____

2. —¿_____?

   —_____

3. —¿_____?

   —_____

estructura

3.3 ¿Qué? and ¿cuál?

2 **Muchas preguntas**

A. Completa los diálogos con las palabras de la lista. Puedes usarlas más de una vez. Haz los cambios que sean necesarios.

cómo	cuándo	de dónde
cuál	cuántas	dónde
cuáles	cuánto	qué

—Hola, ¿(1) _____ estás?

—Bien. ¿(2) _____ hay para beber?

—Té helado o jugo de uva, ¿(3) _____ prefieres?

—Jugo de uva. ¿(4) _____ está mi hermana?

—Está en la biblioteca. Tiene un examen de historia mañana. Y tú, ¿(5) _____ vienes?

—Vengo de la casa de mi novia.

—¡¿Ah!? ¿Desde (6) _____ tienes novia?

—Desde ayer. La conocí en una fiesta. Se llama Adriana.

—¿Adriana? Tiene nombre de tonta.

—¡Ella no es tonta! ¿(7) _____ es tu problema?

—No tengo ningún problema, es sólo que no entiendo para (8) _____ quieres tener una novia.

—¿(9) _____ cuestan estas camisetas?

—Cuestan doce dólares cada una.

—¡Doce dólares! ¿(10) _____ las traen? ¿De la luna?

—Son de muy buena calidad.

—Sí, yo entiendo, pero doce dólares es mucho dinero.

—¿(11) _____ va a llevar?

—Diez.

—¿(12) _____ quiere? ¿Las verdes o las amarillas?

—Las verdes.

 B. Ahora, en parejas, escojan uno de los diálogos y represéntenlo ante la clase.

estructura

3.4 Pronouns after prepositions

1 **Completar**

A. Completa cada oración con la preposición o el pronombre preposicional que corresponda a la persona en paréntesis. Sigue el modelo.

> **Modelo**
> **Mariela vive en mi casa. (nosotros)**
> Mariela *vive en mi casa con nosotros.*

1. Blanca siempre lleva un dulce. (ella)

   _____

2. Estas galletas las trajeron ellos. (yo)

   _____

3. ¿Bernardo estudia en una escuela de Buenos Aires? (tú)

   _____

4. ¿Vas a ir a la fiesta sorpresa que Mariela organizó? (Horacio)

   _____

5. Ulises trabaja en la oficina del centro. (nosotros)

   _____

6. Ese flan de caramelo es un regalo delicioso. (mi tía Lucía)

   _____

7. Úrsula siempre lleva las llaves de su casa. (ella)

   _____

8. Ésta es una carta de mi madre. (Dora)

   _____

9. María está aquí. (yo)

   _____

10. Este pastel lo hizo Clara. (tú)

    _____

B. Ahora, escribe tres oraciones similares a las de la actividad A. Reta a (*Challenge*) un(a) compañero/a a completar las oraciones.

1. _____

2. _____

3. _____

information gap activity

Estudiante 1

1 **Quinceañera** Trabaja con un(a) compañero/a. Tu compañero/a es el/la director(a) del salón de fiestas "Renacimiento". Tú eres el padre/la madre de Sandra, y quieres hacer la fiesta de quince años de tu hija gastando menos de $25 por invitado/a. Aquí tienes la mitad (*half*) de la información necesaria para confirmar la reservación; tu compañero/a tiene la otra mitad.

> **modelo**
>
> **Estudiante 1:** ¿Cuánto cuestan los entremeses?
> **Estudiante 2:** Depende. Puede escoger champiñones por 50 centavos o camarones por dos dólares.
> **Estudiante 1:** ¡Uf! A mi hija le gustan los camarones, pero son muy caros.
> **Estudiante 2:** Bueno, también puede escoger quesos por un dólar por invitado.

Número de invitados: 200

Comidas: queremos una variedad de comida para los vegetarianos y los no vegetarianos

Presupuesto (budget): máximo $25 por invitado

Otras preferencias: ¿posible traer mariachis?

	Opción 1	Opción 2
Entremeses		
Primer plato (*opcional*)		
Segundo plato (*opcional*)		
Carnes y pescados		
Verduras		
Postres		
Bebidas		
Total $		

information gap activity

Estudiante 2

1

Quinceañera Trabaja con un(a) compañero/a. Tú eres el/la director(a) del salón de fiestas "Renacimiento". Tu compañero/a es el padre/la madre de Sandra, quien quiere hacer la fiesta de quince años de su hija gastando menos de $25 por invitado/a. Aquí tienes la mitad (*half*) de la información necesaria para confirmar la reservación; tu compañero/a tiene la otra mitad.

> **modelo**
>
> **Estudiante 1:** ¿Cuánto cuestan los entremeses?
> **Estudiante 2:** Depende. Puede escoger champiñones por 50 centavos o camarones por dos dólares.
> **Estudiante 1:** ¡Uf! A mi hija le gustan los camarones, pero son muy caros.
> **Estudiante 2:** Bueno, también puede escoger quesos por un dólar por invitado.

Salón de fiestas "Renacimiento"

Número de invitados: _____

Otras preferencias: _____

Presupuesto: $ _____ **por invitado**

Menú

Entremeses	Champiñones: $0,50 por invitado	Camarones: $2 por invitado	Quesos: $1 por invitado	Verduras frescas: $0,50 por invitado
Primer plato	Sopa de cebolla: $1 por invitado	Sopa del día: $1 por invitado	Sopa de verduras: $1 por invitado	
Segundo plato	Ensalada mixta: $2 por invitado	Ensalada César: $3 por invitado		
Carnes y pescados	Bistec: $10 por invitado	Langosta: $15 por invitado	Pollo asado: $7 por invitado	Salmón: $12 por invitado
Verduras	Maíz, arvejas: $1 por invitado	Papa asada, papas fritas: $1 por invitado	Arroz: $0,50 por invitado	Zanahorias, espárragos: $1,50 por invitado
Postres	Pastel: $2 por invitado	Flan: $1 por invitado	Helado: $0,50 por invitado	Frutas frescas, pasteles y galletas: $2 por invitado
Bebidas	Agua: $1 por invitado	Jugo de frutas: $2 por invitado	Café, té: $0,50 por invitado	Refrescos: $1 por invitado

Precio total $ _____

information gap activity

Estudiante 1

2 **Compartir** En parejas, hagan preguntas para saber dónde está cada una de las personas en el dibujo. Ustedes tienen dos versiones diferentes de la ilustración. Al final deben saber dónde está cada persona.

> **modelo**
>
> **Estudiante 1:** ¿Quién está al lado de Óscar?
> **Estudiante 2:** Alfredo está al lado de él.

Alfredo	Dolores	Graciela	Raúl
Sra. Blanco	Enrique	Leonor	Rubén
Carlos	Sra. Gómez	Óscar	Yolanda

Vocabulario útil

a la derecha de	delante de
a la izquierda de	detrás de
al lado de	en medio de

Lección 3 Information Gap Activities   **61**

information gap activity

Estudiante 2

2 **Compartir** En parejas, hagan preguntas para saber dónde está cada una de las personas en el dibujo. Ustedes tienen dos versiones diferentes de la ilustración. Al final deben saber dónde está cada persona.

> **modelo**
>
> **Estudiante 1:** ¿Quién está al lado de Óscar?
> **Estudiante 2:** Alfredo está al lado de él.

Alfredo	Dolores	Graciela	Raúl
Sra. Blanco	Enrique	Leonor	Rubén
Carlos	Sra. Gómez	Óscar	Yolanda

Vocabulario útil

a la derecha de	delante de
a la izquierda de	detrás de
al lado de	en medio de

survey

1 **Encuesta** (student text p. 89) Haz las preguntas de la hoja a dos o tres compañeros/as de clase para saber qué actitudes tienen en sus relaciones personales. Luego comparte los resultados de la encuesta (*survey*) con la clase y comenta tus conclusiones.

Preguntas	Nombres	Actitudes
1. ¿Te importa la amistad? ¿Por qué?		
2. ¿Es mejor tener un(a) buen(a) amigo/a o muchos/as amigos/as?		
3. ¿Cuáles son las características que buscas en tus amigos/as?		
4. ¿A qué edad es posible enamorarse?		
5. ¿Deben las parejas hacer todo juntos? ¿Deben tener las mismas opiniones? ¿Por qué?		

Lección 3 Surveys | **63**

survey

2 **Encuesta** Para cada una de las actividades de la lista, encuentra a alguien que hizo esa actividad en el tiempo indicado.

> **modelo**
>
> traer dulces a clase
>
> **Estudiante 1:** ¿Trajiste dulces a clase?
>
> **Estudiante 2:** Sí, traje galletas y helado a la fiesta del fin del semestre.

Actividades	Nombres	Nombres
1. ponerse un disfraz (costume) de Halloween		
2. traer dulces a clase		
3. llegar a la escuela en auto		
4. estar en la biblioteca ayer		
5. dar un regalo a alguien ayer		
6. poder levantarse tarde esta mañana		
7. hacer un viaje a un país hispano en el verano		
8. ver una película anoche		
9. ir a una fiesta el fin de semana pasado		
10. tener que estudiar el sábado pasado		

role-play

1

👥 **Solteros y solteras** En grupos, su profesor(a) les entrega unas tarjetas con un perfil (*profile*) en cada una. Escojan sus roles y preparen un programa de televisión que ayuda a personas solteras a encontrar pareja. Recuerden incluir el vocabulario y la gramática de esta lección. Presenten su programa a la clase. ¡Sean creativos/as!

Modelo

Señora Gómez: Ramón, ¿por qué está soltero?

Ramón: Estoy soltero porque todas las chicas que conozco son feas.

Señora Gómez: Y ¿qué piensa de Olga?

Ramón: Pienso que es guapa, pero es muy joven para mí. Sólo tiene 22 años.

Señora Gómez: ¿Usted cuántos años tiene?

Ramón: ¡Tengo 35 años!

Señora Gómez: ¿Usted piensa que va a encontrar a la mujer de su vida hoy en este programa?

Ramón: Sí, creo que ya la encontré.

Señora Gómez: ¿Sí? ¡Qué bueno! Y, ¿quién es?

Ramón: Usted, señora Gómez. ¿Quiere salir conmigo esta noche?

1 **Solteros y solteras**

Time: 30 minutes

Resources: Role-play cards

Instructions: Photocopy the role-play cards and cut out as many as needed. Have students form groups of five, and give each group a set of cards. Students should each choose a different role and then together prepare a five- to eight-minute talk show segment using the vocabulary and grammar from this lesson. Make sure all students have a speaking role. At the end, poll the class on which show was the most creative, fun etc.

Give groups 15 minutes to prepare and 5–8 minutes to present. If you cannot divide the class into groups of 5, or if you want the interviews to be shorter, you can also create groups of 3–4 by cutting one or two of the characters from each set.

You can also vary the activity by asking students to come dressed as their characters and prepare their own TV sets. Students can also film their conversations and share them with the class.

1 Role-play cards

Señor(ita) Gómez, 25 años, periodista, Colombia

Eres el/la presentador(a) (*host*). Debes dar la bienvenida al programa y presentar a los participantes entre ellos. Luego, cada uno/a debe presentarse y hablar de sí mismo/a (*him/herself*). Después de esto, debes hacerles estas preguntas:

1. ¿Por qué estás soltero/a?
2. ¿Cómo eres?
3. ¿Quieres casarte y tener hijos?
4. ¿Qué piensas de (nombre de uno/a de los/las participantes)?

5. ¿Quién crees que puede ser una buena pareja para ti? ¿Por qué?
6. ¿Quién crees que no puede ser una buena pareja para ti? ¿Por qué?
7. ¿Con quién quieres tener una cita?

Antonio, 30 años, doctor, El Salvador

Eres un joven doctor que trabaja muchas horas en un hospital. Eres guapo, tranquilo y te gusta leer libros y revistas. Eres muy tímido, especialmente con las mujeres; algunas veces es difícil para ti comunicarte con las personas. Estás seguro que una mujer joven y alegre puede ayudarte a relacionarte mejor con los demás (*others*). Esperas casarte y tener dos pares de gemelos.

Paula, 27 años, vendedora, Paraguay

Eres una joven con un trabajo estable en un almacén de ropa. Te encanta hacer deporte y juegas con un equipo profesional de vóleibol. Nunca has tenido (*have had*) novio porque te interesa más salir con tus amigas del equipo que con un chico aburrido. Quieres casarte algún día y enseñarles a tus tres hijos a jugar al vóleibol.

Berenice, 34 años, artista, Bolivia

Eres una pintora famosa en tu país. Tienes tu propio museo y viajas a muchos lugares exóticos. Te gusta mucho hablar con las personas y bailar. Siempre quieres ayudar a los demás y te sientes triste porque no tienes hijos. Quieres casarte y tener dos hijos.

Santiago, 35 años, ingeniero, Panamá

Eres un hombre simpático, inteligente y feo. En tu tiempo libre pintas y te fascina leer poesía. Esperas poder vender una de tus pinturas algún día. No tienes mucho dinero, pero eres muy romántico. También te encanta viajar. No quieres casarte, pero quieres tener hijos algún día para no sentirte tan solo (*alone*).

Señor(ita) Gómez, 25 años, periodista, Colombia

Eres el/la presentador(a) (*host*). Debes dar la bienvenida al programa y presentar a los participantes entre ellos. Luego, cada uno/a debe presentarse y hablar de sí mismo/a (*him/herself*). Después de esto, debes hacerles estas preguntas:

1. ¿Por qué estás soltero/a?
2. ¿Cómo eres?
3. ¿Quieres casarte y tener hijos?
4. ¿Qué piensas de (nombre de uno/a de los/las participantes)?

5. ¿Quién crees que puede ser una buena pareja para ti? ¿Por qué?
6. ¿Quién crees que no puede ser una buena pareja para ti? ¿Por qué?
7. ¿Con quién quieres tener una cita?

Elena, 22 años, estudiante de administración de empresas, México

Eres una joven alegre y bonita, te encanta conversar con tus amigos/as, cocinar y ver películas. Has tenido (*You have had*) muchos novios, pero siempre terminaron mal; ahora quieres comprometerte y casarte, pero no quieres tener gemelos.

Humberto, 27 años, profesor, Uruguay

Eres un joven profesor de economía, alto, delgado y feo. Una vez tuviste una novia, pero ella se fue con un chico más guapo. Piensas que ninguna chica te mira porque eres feo, pero sabes que eres un hombre muy interesante. Te sientes deprimido (*depressed*) porque llevas muchos años buscando a una chica simpática e inteligente que te quiera por lo que eres, no por cómo te ves. Quieres casarte y tener una hija.

Rafael, 29 años, hijo de mamá (*mamma's boy*), Venezuela

Tú eres un joven muy guapo, pero no muy inteligente. No te gusta estudiar ni trabajar y vives con tus padres. Tú mamá hace todo por ti; no te gusta levantarte temprano ni ayudar a limpiar la casa. Estás seguro que una novia trabajadora y simpática también va a hacer todo por ti. Quieres casarte y tener tres hijos.

Susana, 23 años, camarera, Argentina

Eres una joven trabajadora y tienes muchas ganas de estudiar en la universidad, pero no tienes mucho dinero; necesitas trabajar para ayudar a tu mamá, que está enferma y no puede salir de casa. No tienes novio, pero esperas conocer algún día a un joven inteligente y trabajador. Te llevas muy bien con tu mamá y quieres vivir siempre con ella. Quieres tener cuatro hijos, dos niños y dos niñas.

---

1 Role-play cards

Señor(ita) Gómez, 25 años, periodista, Colombia

Eres el/la presentador(a) (*host*). Debes dar la bienvenida al programa y presentar a los participantes entre ellos. Luego, cada uno/a debe presentarse y hablar de sí mismo/a (*him/herself*). Después de esto, debes hacerles estas preguntas:

1. ¿Por qué estás soltero/a?
2. ¿Cómo eres?
3. ¿Quieres casarte y tener hijos?
4. ¿Qué piensas de (nombre de uno/a de los/las participantes)?

5. ¿Quién crees que puede ser una buena pareja para ti? ¿Por qué?
6. ¿Quién crees que no puede ser una buena pareja para ti? ¿Por qué?
7. ¿Con quién quieres tener una cita?

Juliana, 33 años, cantante (*singer*), Guatemala

Eres una joven talentosa (*talented*) e importante. Viajas mucho y nunca estás en casa; tienes muchos amigos y todos son guapos. Estás soltera porque ninguno de los chicos que conoces quiere ser tu novio, todos dicen que eres muy mandona (*bossy*) y, a veces, antipática. Quieres encontrar un hombre tonto, pero guapo; pero no esperas casarte.

Fernando, 30 años, músico, Nicaragua

Eres un joven pianista y practicas mucho durante el día para ser el mejor. Eres guapo, pero a veces egoísta (*selfish*). Vives con tus padres, pero esperas casarte y tener tu propia familia. Deseas encontrar pronto a una mujer buena y talentosa y tener con ella unos tres hijos.

Horacio, 26 años, jugador de fútbol, Chile

Eres un deportista alto y fuerte. Cuando no estás jugando, estás viendo partidos de fútbol por la tele. Muchos chicos son tus amigos, pero las chicas no quieren ni verte porque eres muy tonto; siempre que tratas de hablar con una chica, cometes muchos errores (*you make mistakes*). Te gusta la idea de casarte y tener un hijo.

Amanda, 30 años, dueña de un almacén, Perú

Eres una mujer muy inteligente. Trabajas mucho en tu almacén de ropa en el día y estudias medicina en las noches. Quieres tener un novio porque te sientes sola (*alone*), deseas tener a alguien con quien compartir tu tiempo libre y salir al cine o a caminar. Eres una mujer muy romántica y esperas conocer a tu príncipe azul (*Prince Charming*) pronto, casarte y tener dos hijos.

Señor(ita) Gómez, 25 años, periodista, Colombia

Eres el/la presentador(a) (*host*). Debes dar la bienvenida al programa y presentar a los participantes entre ellos. Luego, cada uno/a debe presentarse y hablar de sí mismo/a (*him/herself*). Después de esto, debes hacerles estas preguntas:

1. ¿Por qué estás soltero/a?
2. ¿Cómo eres?
3. ¿Quieres casarte y tener hijos?
4. ¿Qué piensas de (nombre de uno/a de los/las participantes)?

5. ¿Quién crees que puede ser una buena pareja para ti? ¿Por qué?
6. ¿Quién crees que no puede ser una buena pareja para ti? ¿Por qué?
7. ¿Con quién quieres tener una cita?

Gabriela, 20 años, estudiante de biología, Costa Rica

Eres una chica delgada y baja. Esperas ser una gran bióloga (*biologist*) cuando termines tu carrera. No eres muy bonita, pero tienes muchos amigos y eres muy segura de ti misma (*self-confident*). Cuando tienes tiempo, vas al cine, a conciertos o a ver películas. Quieres tener un novio para salir con él los fines de semana y pasar buenos momentos juntos. Algún día esperas casarte, pero no quieres tener hijos.

Orlando, 24 años, empleado de una fábrica (*factory*), Cuba

Eres un chico tímido y trabajador. Eres amable y generoso, pero te enojas a menudo y a veces te deprimes (*feel depressed*). En tu tiempo libre te gusta tomar fotografías y te encanta ir de paseo al campo. Eres muy romántico; tuviste una novia hace mucho tiempo, pero ahora sientes que necesitas una persona para amarla y regalarle flores y chocolates, casarte con ella y tener muchos hijos.

Erica, 29 años, agente de viajes, Puerto Rico

Eres una chica gorda y alta. Es muy difícil para ti encontrar un novio, porque todos los chicos que conoces son muy bajos y delgados. Conoces a muchas personas y lugares en tu trabajo, pero piensas que ya es hora (*it's time*) de tener a alguien a tu lado para casarte y tener cinco hijos.

Samuel, 31 años, periodista, Ecuador

Eres un hombre elegante y muy antipático. Piensas que todas las chicas son tontas y no quieres, por ningún motivo (*reason*), tener una novia fea. Esperas encontrar a la mujer perfecta: inteligente, bonita y con mucho dinero. No quieres casarte ni tener hijos, solamente quieres tener una novia para llevarla a las fiestas y hacerles sentir envidia (*envy*) a tus amigos.

---

role-play

2 **Una fiesta sorpresa** En grupos de tres personas, su profesor(a) les entrega una tarjeta con un escenario. Preparen una escena de cinco minutos; sigan las instrucciones de la tarjeta. En su presentación escojan un(a) compañero/a de su grupo para que actúe como la persona a quien se le organizó la fiesta sorpresa. Recuerden incluir el vocabulario y la gramática de esta lección. Presenten la conversación a la clase.

Modelo

Amigos: ¡Sorpresaaaaaa!

Diana: ¿Sorpresa? ¿¡Qué pasa!?

Amigos: Feliz cumpleaños, Matilde.

Diana: ¿Matilde? ¿Qué cumpleaños?

Amigo 1: Sí, tu cumpleaños. Amiga, cumples 15 años.

Diana: No, no. Ni es mi cumpleaños ni me llamo Matilde.

Amigo 2: ¿Ah, no? Y, entonces…

Diana: Entonces, nada… yo no los conozco. Fuera todos de mi casa…. ¡y no vuelvan nunca!

2 Una fiesta sorpresa

Time: 30 minutes

Resources: Role-play cards

Instructions: Photocopy the role-play cards and cut out as many as needed. Have students form groups of three and give each group a role-play card. Groups should prepare a five-minute skit based on the scene described on the card. Encourage students to use the vocabulary and grammar from the lesson. Once all the groups have presented, you can poll the class on which party was the most creative, fun, etc.

You can also vary the activity by asking students to film their conversations and bring them to class.

2 Role-play cards

Eduardo, tu mejor amigo, cumple hoy 14 años. Tus compañeros/as y tú quieren prepararle una fiesta sorpresa. A Eduardo le gusta la música salsa, el pastel de chocolate y el té helado.

Tu abuelita Mariela va a cumplir 85 años. Tus primos/as y tú quieren prepararle una fiesta sorpresa. A tu abuelita le gusta la comida mexicana y la música suave; no le gusta el pastel ni bailar, pero le gusta cuando sus nietos/as le cantan canciones bonitas.

Tu hermano menor, Alejandro, va a cumplir 7 años. Tu familia y tú quieren prepararle una fiesta sorpresa. A Alejandro le gustan mucho los dulces y bailar reggaetón.

Tus padres están de aniversario; van a cumplir 30 años de casados. Tus hermanos/as y tú quieren prepararles una fiesta sorpresa. A tus padres les encanta la paella y les gusta bailar flamenco.

Tus vecinos/as de la casa de al lado se van a vivir a Argentina. Tú y tu familia quieren prepararles una fiesta sorpresa de despedida. A ellos les gustan los postres y el jugo, además, les fascina cantar con karaoke.

Tu tía obtuvo un ascenso en su trabajo. Tú y tu familia quieren prepararle una fiesta sorpresa. A tu tía le gusta la langosta, los refrescos y la música andina.

Tu hermano mayor obtuvo una beca para estudiar la cultura hispana en Perú. Tú y sus compañeros/as de la universidad quieren prepararle una fiesta sorpresa. A tu hermano le gusta mucho reírse, así que lo mejor es contarle chistes (*jokes*) en la fiesta; también le gusta mucho la música peruana.

Tu profesor(a) de español se va a trabajar a una escuela en España. Tus compañeros/as de clase y tú quieren prepararle una fiesta sorpresa para despedirlo/a. A tu profesor(a) le encanta bailar merengue y le gusta mucho la comida de la República Dominicana.

¡a repasar!

1 **Clasificar** Escribe las palabras de la lista en las categorías correctas.

| la amistad | la fiesta | el matrimonio | la Navidad | viudo |
| el cumpleaños | la madurez | la muerte | la vejez | |

las celebraciones	las relaciones personales	las etapas de la vida
1. _____	_____	_____
2. _____	_____	_____
3. _____	_____	_____

2 **Seleccionar** Selecciona la palabra que no está relacionada con cada grupo.

1. niñez • madurez • soltero • vejez
2. Navidad • boda • cumpleaños • galleta
3. casado • flan • postre • helado
4. separado • viudo • juventud • divorciado

3 **Escoger** Escoge la palabra que completa correctamente cada oración.

1. Mis amigos celebraron su _____ en una hermosa iglesia de Honduras.

   a. boda b. postre c. sorpresa

2. Leonardo y Rosita se casaron ayer, es decir, están _____.

   a. divorciados b. viudos c. recién casados

3. Ayer, mi hermana Dora tuvo su primera _____.

   a. galleta b. amistad c. cita

4. Yo me _____ de medicina el año pasado.

   a. casé b. gradué c. relajé

4 **La novia de mi hermano** Completa el párrafo con el tiempo correcto de los verbos del cuadro.

| casarse | llevarse bien | pasarlo bien | reírse | romper | sorprender |

Este sábado (1) _____ mi hermano mayor, Alberto. Su novia es bonita e inteligente, pero antipática. La verdad, no nos (2) _____. Una vez, mi hermano (3) _____ con ella y yo me puse muy feliz; me (4) _____ mucho cuando supe que volvieron. Qué lástima, mi hermano casado con esa bruja (*witch*)...

5 **Completar** Completa las oraciones con el pretérito de los verbos **conocer**, **poder**, **querer** y **saber**.

1. En la fiesta, Mariana _____ bailar salsa, pero no pudo.

2. Miriam y Alina _____ muchos solteros guapos e interesantes en su viaje al Caribe.

3. Miguel _____ que su novia se casó hace dos días en Las Vegas.

4. Isabel y yo no _____ comprar los pasajes a tiempo.

6   **Reescribir** Reescribe cada oración. Usa los pretéritos irregulares de los verbos.

1. Mis hermanos y yo estamos en el aniversario de bodas de nuestros padres.

   _____.

2. Yo traigo el postre a la fiesta.

   _____.

3. El novio tiene que ir a conocer a los padres de la novia.

   _____.

4. Nosotros venimos a celebrar la Navidad con nuestra familia.

   _____.

7   **¿Qué? y ¿cuál?** Escribe dos preguntas sobre las palabras que se presentan a continuación. Sigue el modelo.

> **Modelo**
>
> **flan de caramelo y pastel de chocolate** ¿Qué es el flan de caramelo?
> ¿Cuál de los dos postres te gusta más, el flan de caramelo o el pastel de chocolate?

la física y la química _____

_____

el anaranjado y el rojo _____

_____

la Navidad y el matrimonio _____

_____

el amor y la amistad _____

_____

8   **Escribir** Escribe oraciones completas con los elementos dados (*given*). Agrega la preposición y el pronombre correcto para cada una. Sigue el modelo.

> **Modelo**
>
> **tú / tener / carta / yo** Tú tienes una carta para mí.

1. yo / ir / parque / tú _____

2. Ramiro / trae / pastel / tú _____

3. nosotras / tomar / clase de arte / ella _____

4. ellos / tener / dos regalos / yo _____

9   **¡A practicar!** En grupos de cuatro personas, preparen una escena donde dos personas tienen una cita a ciegas (*blind date*) en un restaurante y los otros dos son los camareros. Incluyan:

- el vocabulario (las celebraciones, los postres y otras comidas, las relaciones personales, las etapas de la vida, etc.)
- los pretéritos irregulares
- los verbos que cambian de significado en el pretérito
- **qué** y **cuál**
- los pronombres después de las preposiciones

Presenten su escena frente a la clase. ¡Sean creativos/as!

contextos

1 **Horizontales:** 2. helado 6. adolescencia
7. alegría 9. amistad 10. amor **Verticales:**
1. soltero 3. flan 4. pareja 5. fiesta 8. boda

2 Answers will vary.

estructura

3.1 Irregular preterites

1 1. tuvo 2. vinieron/condujeron 3. dijo/dio
4. quiso 5. puse 6. estuvo 7. pudo/quiso
8. hicieron 9. dimos/trajimos 10. condujo
11. dio/trajo 12. hubo

3.2 Verbs that change meaning in the preterite

1 A. 1. c 2. e 3. g 4. f 5. j 6. h 7. b 8. i 9. d
10. a **B.** Answers will vary

2 A. 1. pude 2. conocí 3. supe 4. Quise
5. pude 6. pude 7. supimos 8. conocieron
9. quiso 10. quisiste **B.** Answers will vary.

3.3 ¿Qué? and ¿cuál?

1 A. Some answers may vary. Sample answers:
1. ¿Cuál es tu jugo favorito? 2. ¿Qué es el flan?
3. ¿Cuál es tu color favorito? 4. ¿Qué día es
hoy? 5. ¿Cuál es la capital de Perú? 6. ¿Qué
quieres tomar? 7. ¿Qué día es tu cumpleaños?
8. ¿Qué te gusta hacer los fines de semana?
9. ¿Cuál es tu número de teléfono? 10. ¿Cuál es
tu clase favorita? **B.** Answers will vary.

2 A. 1. cómo 2. Qué 3. cuál 4. Dónde 5. de
dónde 6. cuándo 7. Cuál 8. qué 9. Cuánto
10. De dónde 11. Cuántas 12. Cuáles
B. Answers will vary.

3.4 Pronouns after prepositions

1 A. Some answers may vary. 1. Blanca siempre
lleva un dulce para/con ella. 2. Estas galletas
las trajeron ellos para mí. 3. ¿Bernardo estudia
en una escuela de Buenos Aires contigo?
4. ¿Vas a ir a la fiesta sorpresa que Mariela
organizó para/con Horacio? 5. Ulises trabaja

en la oficina del centro para/con nosotros.
6. Ese flan de caramelo es un delicioso regalo
para mi tía Lucía. 7. Úrsula siempre lleva las
llaves de su casa con ella. 8. Ésta es una carta
de mi madre para Dora. 9. María está aquí
conmigo. 10. Este pastel lo hizo Clara para ti/
contigo. **B.** Answers will vary.

information gap activities

Answers will vary.

surveys

Answers will vary.

role-plays

Answers will vary.

¡a repasar!

1 **las celebraciones:** 1. el cumpleaños 2. la fiesta
3. la Navidad **las relaciones personales:** 1. la
amistad 2. el matrimonio 3. viudo **las etapas
de la vida:** 1. la madurez 2. la muerte 3. la vejez

2 1. soltero 2. galleta 3. casado 4. juventud

3 1. a 2. c 3. c 4. b

4 1. se casa 2. llevamos bien 3. rompió
4. sorprendí.

5 1. quiso 2. conocieron 3. supo 4. pudimos

6 1. Mis hermanos y yo estuvimos en el aniversario
de bodas de nuestros padres. 2. Yo traje el postre
a la fiesta. 3. El novio tuvo que ir a conocer a
los padres de la novia. 4. Nosotros vinimos a
celebrar la Navidad con nuestra familia.

7 Answers will vary.

8 Yo voy al parque contigo. 2. Ramiro trae el
pastel para ti. 3. Nosotras tomamos la/nuestra
clase de arte con ella. 4. Ellos tienen dos
regalos para mí.

9 Answers will vary.

contextos

1 **Correcto o incorrecto** Si las palabras corresponden a la imagen, marca el círculo. Si no corresponden, escribe las palabras apropiadas.

la radiografía ○

1. _____

el resfriado ○

2. _____

la sala de emergencias ○

3. _____

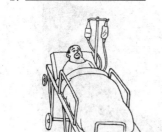

el hombre saludable ○

4. _____

la fiebre ○

5. _____

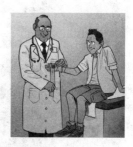

el consultorio ○

6. _____

la tos ○

7. _____

la inyección ○

8. _____

el dolor ○

9. _____

el doctor ○

10. _____

el paciente ○

11. _____

el enfermero ○

12. _____

contextos

2 **La mejor clínica** En grupos de tres, preparen un comercial donde invitan a todas las personas de su comunidad a visitar su clínica. Deben ponerle un nombre creativo a la clínica. El comercial debe durar sólo un minuto e incluir el vocabulario de **Contextos**.

Para preparar el comercial, háganse estas preguntas:

- ¿La clínica tiene alguna especialidad?
- ¿Qué clase de doctores/as tienen?
- ¿Atienden a personas de todas las edades?
- ¿Cuánto tienen que esperar las personas para ver a un(a) doctor(a)?
- ¿Dónde está ubicada (*located*) la clínica?

Modelo

Clínica Sierra Blanca

¿Está usted enfermo? ¿Se siente mal? ¿Tiene fiebre? ¿Le duele todo? Venga (*Come*) a la clínica Sierra Blanca. Aquí lo examinan los mejores doctores de la ciudad. Somos la clínica más grande y agradable (*nice*) de todo el país. Atendemos las 24 horas. Estamos conectados a la estación central del metro. Y por su carro… no se preocupe, nuestros empleados lo estacionan por usted. Todos nuestros enfermos están felices de estar aquí. ¡Venga, ésta es su casa!

estructura

4.1 The imperfect tense

1 **Una historia**

A. Bárbara es una joven estudiante de artes. Completa la historia de la niñez de Bárbara con el tiempo imperfecto del verbo entre paréntesis. Después, escribe en el espacio indicado la letra del uso del imperfecto que corresponde a cada oración.

Uses of the Imperfect
a. Habitual or repeated actions
b. Events or actions that were in progress
c. Physical characteristics
d. Mental or emotional states
e. Telling time
f. Age

1. En mi niñez yo _____ (ser) muy feliz. _____ _____

2. Todos los sábados, mis papás nos _____ (llevar) a la playa. _____

3. Ellos _____ (tomar) el sol mientras yo _____ (nadar). _____

4. En ese tiempo, mi mamá _____ (ser) joven, alegre y bonita. _____

5. Mi papá nos _____ (querer) mucho a mi mamá, a mis hermanitos y a mí. _____

6. Cuando yo _____ (tener) diez años mi mamá empezó a estudiar medicina. _____

7. Como mi mamá _____ (estudiar), llegaba a las once de la noche y casi nunca la _____ (ver). _____

8. Un día, nos preocupamos mucho porque _____ (ser) las doce y media de la noche y mi mamá no llegaba. _____

9. Después de ese día, mi papá _____ (enojarse) cuando ella _____ (llegar) tarde. _____ _____

10. Después de un tiempo, mi mamá ya no _____ (ir) con nosotros a la playa. _____

B. Ahora, escribe tres oraciones similares a las de la actividad A. Reta a (*Challenge*) un(a) compañero/a a completar las oraciones.

1. _____

2. _____

3. _____

4.2 The preterite and the imperfect

1   **El accidente de Nelson**

A. De niño, Nelson era muy inquieto (*restless*). Lee la historia sobre un accidente que tuvo y complétala con el pretérito o el imperfecto de los verbos entre paréntesis, según corresponda.

Un día, cuando yo (1) _____ (tener) siete años, mi mamá me

(2) _____ (llevar) al cumpleaños de mi prima Isabela. Cuando

(3) _____ (llegar) los payasos (*clowns*) a animar la fiesta, yo comencé a lanzarles

(*throw*) helado. Mi mamá me regañó (*scolded me*) y yo (4) _____ (enojarse) con

ella. Estaba muy aburrido y (5) _____ (empezar) a correr por toda la casa, pero

no vi que (6) _____ (haber) una puerta de vidrio (*glass*) delante de mí y

(7) _____ (darse) con ella. (8) _____ (Romperse) la nariz y

(9) _____ (cortarse) la boca. Mi mamá me llevó al hospital y un doctor me

(10) _____ (poner) una inyección para el dolor. Una enfermera me dijo que

(11) _____ (deber) tener más cuidado al correr para evitar esos accidentes. Mi mamá

(12) _____ (estar) muy preocupada y, de pronto, (13) _____

(sentirse) mareada. El doctor la (14) _____ (examinar) y al final le dijo que

(15) _____ (estar) embarazada. Hoy tengo un hermanito menor y cada vez que lo

veo me acuerdo de ese accidente.

B. Ahora, escribe una historia corta de tu niñez, similar a la de la actividad A. Compártela con la clase.

_____

_____

_____

_____

4.2 The preterite and the imperfect

2 **La noticia del día**

A. Completa la noticia del periódico *El Día* sobre la muerte de don Ignacio Cuéllar. Usa el pretérito o el imperfecto de los verbos del recuadro, según corresponda. Algunos verbos se usan más de una vez.

abandonar	necesitar
descubrir	poder
encontrar	salir
estar	ser
hacer	tener
llevar	traer
morir	vivir

23F

Por David González

La muerte de don Ignacio

Hoy (1) _____ Ignacio Cuéllar, el paciente más viejo del hospital

Metropolitano. Él (2) _____ en la habitación 702 durante 80 años.

Solamente (3) _____ del hospital una vez durante dos días para conocer

el mar. Lo (4) _____ el doctor Peña, un amable doctor que enfermó y

(5) _____ hace ya sesenta años.

Don Ignacio no (6) _____ familia. Sus papás lo (7) _____

cuando (8) _____ tres años y desde entonces, como (9) _____

un niño con muchas enfermedades, (10) _____ que vivir en el hospital.

(11) _____ un hombre amable, y aunque no (12) _____ hablar,

tampoco (13) _____ hacerlo, sus ojos expresaban lo necesario para entenderlo.

Don Ignacio (14) _____ muy enfermo desde (15) _____ seis

meses. Al principio sólo (16) _____ una infección en la garganta, poco después,

los médicos (17) _____ que (18) _____ problemas en el

corazón. Esta mañana las enfermeras que le (19) _____ su desayuno a diario lo

(20) _____ sin vida en su cama, en la habitación 702.

 B. Ahora, con un(a) compañero/a, escribe un diálogo donde dos enfermeros/as comentan sobre la muerte de don Ignacio y represéntenlo ante la clase. ¡Sean creativos/as!

estructura

4.3 Constructions with **se**

1   **¿Qué se puede hacer?** Usa cada imagen y las palabras para escribir una oración lógica. Usa construcciones con **se**. Algunos verbos pueden usarse más de una vez.

bailar	hacer	poder
deber	jugar	servir
hablar	necesitar	vender

1. En el almacén Bogotá

_____

ropa deportiva.

2. No _____

nadar en esta playa.

Hay tiburones.

3. En la discoteca Ritmo

_____

mucha salsa.

4. En el restaurante Asados

_____ una

deliciosa comida.

5. Niños, recuerden que no

_____ jugar

al fútbol dentro de la casa.

6. _____ apagar

la luz antes de salir.

7. En todas las ciudades

de los Estados Unidos

_____ inglés.

8. _____ jugador

de béisbol con experiencia.

9. En la panadería Galletitas

_____

deliciosos pasteles de

cumpleaños por encargo

(*upon request*).

estructura

4.3 Constructions with **se**

2 **Gloria pregunta** Gloria vive con su familia en una casa grande. Ellos son muy desordenados. Escribe las respuestas de su mamá a sus preguntas. Usa construcciones con **se**. Sigue el modelo.

> **Modelo**
> —¿Qué le pasó a mi falda favorita?
> —(romper) *Se te rompió.*

1. —¿Qué pasó con los libros que te pedí?

   —(olvidar) _____

2. —¿Qué pasó con las pastillas de mi sobrina?

   —(perder) _____

3. —¿Qué hizo Juan con todo mi dinero?

   —(gastar) _____

4. —¿Qué hizo Diana con mi abrigo favorito?

   —(poner) _____

5. —¿Qué les pasó con mi pastel de cumpleaños?

   —(caer) _____

6. —¿Qué hiciste con las llaves de mi carro?

   —(quedar) _____

7. —¿Qué hizo Pedro con las galletas de chocolate?

   —(comer) _____

8. —¿Qué le pasó a Nadia en el tobillo?

   —(torcerse) _____

9. —¿Qué hizo Daniela con mi ensalada?

   —(comer) _____

10. —¿Qué hizo mi hermanita con mi bolso nuevo?

    —(llevar) _____

estructura

4.4 Adverbs

1 **Conversaciones saludables**

A. Completa los diálogos con los adverbios del recuadro.

a menudo	frecuentemente
además de	mal
bastante	muchas veces
bien	por lo menos
casi nunca	rápido

—Mamá, estoy preocupada, pienso que Paco come muy (1) _____.

—Estás equivocada, él come muy (2) _____. Come frutas, verduras y mucha carne.

—Y, ¿dónde está?

—Está durmiendo. Anoche llegó (3) _____ cansado de su trabajo.

—Pues, (4) _____ dormir, él debe hacer algo de ejercicio.

—Pero, él no camina, él corre muy (5) _____, eso es un buen ejercicio.

—No es suficiente. Él necesita correr (6) _____ dos veces por semana.

—¿Y tú vas al doctor (7) _____?

—Sí, voy (8) _____ al mes. ¿Y tú?

—Afortunadamente, no. (9) _____ visito a mi doctor.

—¡Qué bien por ti!

—¿Puedo preguntarte algo?

—Claro.

—¿Realmente estás tan enferma como para visitar a tu médico tan (10) _____?

—La verdad no estoy enferma. ¡Estoy embarazada!

B. En parejas, inventen un dialogo similar al de la actividad A y represéntenlo ante la clase.

_____

_____

_____

_____

_____

_____

_____

estructura

4.4 Adverbs

2   **¿Cada cuánto?**

A. Elige el adverbio que completa mejor cada oración de acuerdo con tu propia experiencia.

1. Voy a la playa _____.

   a. regularmente   b. casi nunca

2. Me enfermo _____.

   a. constantemente   b. apenas dos o tres veces al año

3. Generalmente, hablo _____.

   a. poco   b. mucho

4. Hago deporte _____.

   a. de vez en cuando   b. todos los días

5. Visito al médico _____.

   a. una vez al año   b. con frecuencia

6. Voy a la iglesia _____.

   a. una vez por semana   b. pocas veces en el año

7. Todos los días, me levanto _____.

   a. tarde   b. temprano

8. Visito a mis amigos _____.

   a. muchas veces a la semana b. por lo menos una vez al mes

9. Cuando duermo bien estudio _____.

   a. más   b. menos

10. Me gusta conducir _____.

    a. despacio   b. rápido

B. Ahora, circula por el salón y entrevista a dos o tres compañeros/as. Escribe sus respuestas y compáralas con las tuyas. Comparte los resultados con la clase.

_____

_____

_____

_____

_____

_____

_____

_____

information gap activity

Estudiante 1

1 **Crucigrama (*Crossword puzzle*)** Tú y tu compañero/a tienen un crucigrama incompleto. Tú tienes las palabras que necesita tu compañero/a y él/ella tiene las palabras que tú necesitas. Tienen que darse pistas (*clues*) para completarlo. No pueden decir la palabra necesaria; deben utilizar definiciones, ejemplos y frases incompletas.

> **modelo**
>
> **10 horizontal:** La usamos para hablar.
> **14 vertical:**   Es el médico que examina los dientes.

information gap activity

Estudiante 2

1 **Crucigrama (*Crossword puzzle*)** Tú y tu compañero/a tienen un crucigrama incompleto. Tú tienes las palabras que necesita tu compañero/a y él/ella tiene las palabras que tú necesitas. Tienen que darse pistas (*clues*) para completarlo. No pueden decir la palabra necesaria; deben utilizar definiciones, ejemplos y frases incompletas.

> *modelo*
>
> **10 horizontal:** La usamos para hablar.
> **14 vertical:** Es el médico que examina los dientes.

information gap activity

Estudiante 1

2 **En el consultorio** Tú y tu compañero/a tienen una lista incompleta con los pacientes que fueron al consultorio del doctor Donoso ayer. En parejas, conversen para completar sus listas y saber a qué hora llegaron las personas al consultorio y cuáles eran sus problemas.

Hora	Persona	Problema
9:15	La Sra. Talavera	dolor de cabeza
	Eduardo Ortiz	
	Mayela Guzmán	
10:30	El Sr. Gonsalves	dolor de oído
	La profesora Hurtado	
3:00	Ramona Reséndez	nerviosa
	La Srta. Solís	
4:30	Los Sres. Jaramillo	tos

information gap activity

Estudiante 2

2 **En el consultorio** Tú y tu compañero/a tienen una lista incompleta con los pacientes que fueron al consultorio del doctor Donoso ayer. En parejas, conversen para completar sus listas y saber a qué hora llegaron las personas al consultorio y cuáles eran sus problemas.

Hora	Persona	Problema
	La Sra. Talavera	
9:45	Eduardo Ortiz	dolor de estómago
10:00	Mayela Guzmán	congestionada
	El Sr. Gonsalves	
11:00	La profesora Hurtado	gripe
	Ramona Reséndez	
4:00	La Srta. Solís	resfriado
	Los Sres. Jaramillo	

survey

1 **La salud de tus compañeros** Convierte las oraciones de la primera columna en preguntas. Circula por el salón de clases, encuesta a tus compañeros/as y escribe sus nombres y sus respuestas en la columna correcta. Usa el pretérito y el imperfecto. Sigue el modelo. Al final, comparte los resultados con la clase.

Modelo

> **romperse una pierna**
> **Estudiante 1:** ¿Alguna vez te rompiste una pierna?
> **Estudiante 2:** Sí, me rompí una pierna cuando tenía siete años.
> **Estudiante 1:** ¿Y cómo fue?
> **Estudiante 2:** Me caí en el parque cuando estaba patinando; iba muy rápido.

Categorías	Nombre	Respuesta
romperse una pierna	Mariela	Sí. Cuando tenía siete años; patinando
1. ser alérgico a algún medicamento		
2. tomar la temperatura		
3. sufrir una enfermedad		
4. torcerse un tobillo		
5. sacar(se) un diente		
6. visitar al dentista		
7. hacer una radiografía		
8. tener un resfriado		
9. estar en la sala de emergencias		
10. poner una inyección		
11. ¿?		
12. ¿?		

role-play

1 **¿Quién está más enfermo?** (student text p. 121) En grupos de cuatro personas, preparen una escena donde tres de ustedes son pacientes y uno/a es un(a) enfermero/a. Imaginen que están en la sala de emergencias de un hospital y cada paciente intenta convencer al/a la enfermero/a de que él/ella es el/la más enfermo/a y que el/la doctor(a) debe examinarlo/la primero. Al final, el/la enfermero/a debe escoger a quien él/ella piensa que es el/la más enfermo/a.

Modelo

Enfermera Anita: A ver, señores y señora: orden, orden, por favor. Señor, ¿usted qué tiene?

Don Octavio: Estoy muy, muy enfermo. Me duele la cabeza y me siento mareado. Creo que me voy a morir (*die*).

Doña Eulalia: Lo siento mucho, señor, pero yo estoy más enferma que usted. Me caí en el baño esta mañana y creo que me rompí el brazo. Me duele mucho.

Señor Flores: No, no, no. Primero voy yo. Mire, yo creo que tengo algo muy grave. Tengo fiebre y me duele el cuerpo.

Enfermera Anita: A ver, señora. Venga usted conmigo. Lo suyo es urgente.

Doña Eulalia: ¡Ja! Adiós, perdedores (*losers*).

Don Octavio: Un momento, señora. Usted no puede dejarme aquí. Yo estoy muy enfermo. Me puedo morir en cualquier momento.

Señor Flores: A ver. ¿Cómo es que la señora va primero? ¿Y mi fiebre qué?

Enfermera Anita: Lo siento mucho, señores. El doctor va a ver primero a la señora: ella se rompió un brazo. Por favor, tienen que esperar.

role-play

2 **Doctores y pacientes** Su profesor(a) les entrega unas tarjetas con un perfil (*profile*) en cada una. En parejas, escojan sus roles y preparen una escena siguiendo las instrucciones. Recuerden incluir el vocabulario y la gramática de esta lección. Presenten su escena a la clase. ¡Sean creativos/as!

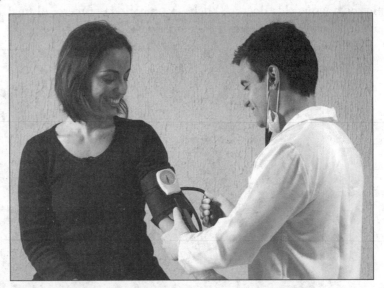

Modelo

Doctor Rosales: Señora, ¿qué le pasa?

Señora Fernández: No me siento bien. Me duele mucho la cabeza y tengo fiebre.

Doctor Rosales: ¿Está segura?

Señora Fernández: Sí, claro, doctor.

Doctor Rosales: Pues, señora Fernández, yo pienso que usted no tiene nada.

Señora Fernández: Pero doctor, me siento muy mal.

Doctor Rosales: No puedo hacer nada por usted, señora. Además, yo no soy el doctor, yo soy otro paciente.

role-play

2
Doctores y pacientes
Time: 30 minutes

Resources: Role-play cards

Instructions: Photocopy the role-play cards and ask students to form pairs. Give one set to pairs of students. Pairs should prepare a three- to four-minute conversation using the vocabulary and grammar from the lesson. Give students 15 minutes to prepare their role-plays. Make sure all students have a speaking part. After groups have presented, poll the class and vote on which conversation was the most funny, interesting, outlandish, etc.

You can vary the activity by asking students to film their conversations and share them with the class.

role-play

2 Role-play cards

Tú eres un(a) doctor(a) muy ocupado/a. Tu secretario/a es muy desordenado/a y a veces olvida escribir los nombres de los/las pacientes en tu agenda. Debes explicarle a un(a) paciente que está muy enfermo/a que no puedes examinarlo/la porque no encuentras su nombre en tu lista de consultas. Tú empiezas: —Perdone señor(a), pero no encuentro su nombre en la lista. ¡Tiene que regresar mañana!	Tú eres un(a) paciente, te sientes muy enfermo/a, tienes fiebre y te duele la garganta. Estás muy enojado/a porque el/la doctor(a) te dice que no puede atenderte pues no estás en su lista de consultas y ¡llevas esperando dos horas! Tu compañero/a empieza.
Tú eres un(a) doctor(a) antipático/a. No quieres atender más pacientes porque te sientes muy cansado/a y no crees que es necesario recetarle medicamentos al/a la paciente que estás examinando. Tu compañero/a empieza.	Tú eres un(a) paciente en un consultorio. Estás muy enojado/a porque el/la doctor(a) es muy antipático/a y no quiere recetarte los medicamentos que tú necesitas. Ahora sólo quieres hablar con su jefe/a. Tú empiezas: —¡Pero qué antipático/a es usted, doctor(a)! Por favor, llame a su jefe/a, necesito hablar con él/ella.
Tú eres un(a) dentista. Estás cansado/a y acaba de entrar un(a) paciente muy maleducado/a y te dice que tiene un fuerte dolor de cabeza y que necesita atención urgente, pero ¡tú no eres doctor(a), eres dentista! Tú empiezas: —No señor(a), no puedo atenderlo/la ahora. ¡Yo no soy doctor(a), soy dentista!	Tú eres un(a) paciente enojado/a y además muy maleducado/a. Tienes un fuerte dolor de cabeza y el/la doctor(a) no quiere atenderte, y aunque (*although*) sabes que es dentista, piensas que él/ella puede examinarte; para ti, todos los/las doctores/as son iguales. Tu compañero/a empieza.
Tú eres un(a) enfermero/a. Estás preocupado/a porque un(a) paciente dice que le pusiste la inyección equivocada, pero tú estás seguro/a que le pusiste la inyección correcta. Tu compañero/a empieza.	Tú eres un(a) paciente en un hospital. Estás muy nervioso/a porque crees que el/la enfermero/a te puso la inyección equivocada. Tú empiezas: —¿Usted no se da cuenta de que me puso la inyección que no era? Yo no tengo un resfriado, ¡me acabo de romper un brazo!
Tú eres un(a) doctor(a). Estás muy confundido/a porque quieres examinar a un(a) paciente, ¡pero él/ella sólo quiere dormir! Tú empiezas: —Pero señor(a), ¿cómo va a dormir ahora? ¡Tengo que examinarlo/la!	Tú eres un(a) paciente. Estás muy nervioso/a porque no conoces bien al/a la doctor(a) que te va a examinar, por eso finges (*pretend*) tener mucho sueño y dices que sólo quieres dormir. Tu compañero/a empieza.
Tú eres un(a) estudiante de medicina y ¡estás confundido/a con un(a) paciente! Además, estás nervioso/a porque eres nuevo/a y todavía no conoces bien ni a los/las pacientes ni el hospital. Tu compañero/a empieza.	Tú eres un(a) paciente. Un(a) joven doctor(a) te está examinando pero tú piensas que él/ella no sabe mucho, por eso le dices que crees saber qué debe recetarte. Estás preocupado/a y sólo deseas salir rápido de su consultorio. Tú empiezas: —¿Cómo que no está seguro/a de qué tengo? ¡Pero usted es el/la doctor(a)!

Nombre _____ Fecha _____

role-play

3 **En el consultorio** En parejas, imaginen que uno de ustedes es un(a) joven doctor(a) y el/la otro/a es un(a) enfermero/a. Primero, lean las listas de palabras. Después, escojan una de las listas; esas son las palabras que más deben usar en su presentación, además de la gramática de la lección. Escojan una persona al azar para que actúe como el/la paciente e improvisen una escena donde él/ella llega a la consulta. ¡Sean creativos/as!

Modelo

Doctora Marcela: Buenos días, ¿en qué puedo ayudarle?

Valentín: Buenos días, doctora. Bueno, esta mañana me sentí muy mal en el trabajo, tenía mucho frío y me dolía la cabeza. Entonces me fui a mi casa y me acosté a dormir. Cuando desperté tenía fiebre.

Enfermero José: ¿Tiene otros síntomas?

Valentín: Sí. Estoy muy congestionado.

Doctora Marcela: ¿Está tomando algún medicamento?

Valentín: No. Esta mañana me tomé una aspirina porque me dolía la cabeza.

Enfermero José: Bien. ¿Es alérgico a algún medicamento?

Valentín: No, creo que no.

Doctora Marcela: Vamos a examinarlo. Respire profundamente, por favor.

Valentín: Sí. (Valentín respira profundamente.)

Enfermero José: Ahora, diga "aaaaa".

Valentín: "Aaaaaaaa".

Doctora Marcela: Perfecto. Le voy a recetar unas medicinas. Es sólo un resfriado. Mañana se va a sentir mejor. Gracias por venir.

Valentín: Gracias a ustedes. Hasta luego.

el resfriado	la infección	el hueso	romperse
la garganta	la nariz	el brazo	torcerse
la gripe	toser	la pierna	la radiografía
la cabeza	el cuello	mareado/a	prohibir
el oído	tener dolor	embarazada	el cuerpo
el ojo	una inyección	el estómago	el examen médico
el dentista	lastimarse	el accidente	ser alérgico/a
sacarse un diente	la boca	grave	darse con
tener dolor	la aspirina	tomar la temperatura	la operación

¡a repasar!

1 Ordenar Ordena las palabras en las categorías correctas.

la clínica	congestionado/a	el corazón	grave	la oreja	la pierna	la receta	sano/a	el síntoma

el cuerpo	**la salud**	**adjetivos**
1. _____	_____	_____
2. _____	_____	_____
3. _____	_____	_____

2 Seleccionar Selecciona la palabra que no está relacionada con cada grupo.

1. boca • nariz • ojo • fiebre
2. medicamento • antibiótico • enfermero • pastilla
3. la sala de emergencias • el hospital • la temperatura • el consultorio
4. la receta • la farmacia • la aspirina • el accidente

3 Escoger Escoge la opción que completa correctamente cada oración.

1. Sonia se cayó por las escaleras y se torció el _____.
   a. estómago   b. tobillo   c. resfriado
2. Pedro es _____ a la penicilina.
   a. alérgico   b. congestionado   c. enfermo
3. A menudo, mi mamá siente _____ de cuello.
   a. dolor   b. aspirina   c. resfriado
4. Voy al _____ dos veces al año.
   a. dedo   b. oído   c. dentista

4 Completar Completa las oraciones con el imperfecto de los verbos entre paréntesis.

1. Fernanda _____ (querer) comprar un vestido azul para su graduación.
2. Cuando los vi, _____ (ir) en su coche.
3. Cuando nos conocimos, Manuel y yo _____ (hablar) sin parar.
4. Tú les _____ (escribir) cartas a tus papás cada semana.

5 El accidente de Lucía Completa el párrafo con el pretérito de los verbos del recuadro. Dos verbos no son necesarios.

caerse	darse con	lastimarse	prohibir	recetar	toser

Ayer, mi amiga Lucía (1) _____ cuando jugaba al béisbol y (2) _____ el pie. Fue al hospital y le pusieron una inyección y un médico muy amable le (3) _____ unos medicamentos para el dolor. También, le (4) _____ jugar al béisbol durante dos semanas. Espero que mi amiga se sienta mejor pronto.

6 **Mi papá, un doctor** Completa el párrafo con el imperfecto o el pretérito de los verbos entre paréntesis.

Cuando yo (1) _____ (ser) niño, mi papá me (2) _____

(llevar) a su consultorio. Un día (3) _____ (llegar) un joven muy enfermo. Él

(4) _____ (tener) mucha fiebre y dolor en el cuerpo; mi papá le

(5) _____ (recetar) un antibiótico y le (6) _____ (poner) una

inyección. Dos horas más tarde, el joven ya (7) _____ (estar) mejor.

7 **Reescribir** Reescribe cada oración. Usa construcciones con **se**. Sigue el modelo.

> **Modelo**
>
> **Con frecuencia, Diana pierde sus llaves.**
> *Con frecuencia, a Diana se le pierden sus llaves.*

1. Ayer, Daniel perdió sus documentos.
   _____

2. A menudo, Natalia daña su coche.
   _____

3. Mi novio siempre olvida su abrigo en mi casa.
   _____

4. Yo rompo un vaso cada mañana.
   _____

8 **Preguntas** Contesta las preguntas usando adverbios en tus respuestas. Sigue el modelo.

> **Modelo**
>
> **¿Cómo caminas a la escuela?**
> *Camino rápidamente porque necesito llegar temprano.*

1. ¿Vas mucho a la casa de tus papás?
   _____

2. ¿Cómo te sientes hoy?
   _____

3. ¿Alguna vez fuiste a la playa?
   _____

4. ¿Cuántas veces estuviste enfermo/a este año?
   _____

9

¡A practicar! En parejas, preparen una escena donde uno/a de ustedes es un(a) empleado/a de una farmacia y está explicándole a una persona muy enferma cómo tomarse los medicamentos. El/La enfermo/a no entiende lo que el/la empleado/a le dice y empieza a perder la paciencia. Incluyan:

- el vocabulario (el cuerpo, la salud, verbos, adjetivos, etc.)
- el imperfecto
- el pretérito y el imperfecto
- construcciones con **se**
- adverbios

Presenten su escena en clase. ¡Sean creativos/as!

answers to activities

contextos

1 1. incorrecto; el doctor 2. incorrecto; la inyección 3. correcto 4. incorrecto; el paciente 5. incorrecto; la radiografía 6. correcto 7. correcto 8. incorrecto; el resfriado/estornudar 9. incorrecto; el hombre saludable 10. incorrecto; la fiebre/la gripe 11. incorrecto; el dolor 12. correcto

2 Answers will vary.

estructura

4.1 The imperfect tense

1 A. 1. era; a, d 2. llevaban; a 3. tomaban; nadaba; b 4. era; c 5. quería; d 6. tenía; f 7. estudiaba; veía/veíamos; a 8. eran; e 9. se enojaba; llegaba; b, d 10. iba; a B. Answers will vary.

4.2 The preterite and the imperfect

1 A. 1. tenía 2. llevó 3. llegaron 4. me enojé 5. empecé 6. había 7. me di 8. Me rompí 9. me corté 10. puso 11. debía 12. estaba 13. se sintió 14. examinó 15. estaba B. Answers will vary

2 A. 1. murió 2. vivió 3. salió 4. llevó 5. murió 6. tenía 7. abandonaron 8. tenía 9. era 10. tuvo 11. Era 12. podía 13. necesitaba 14. estaba 15. hacía 16. era/tenía 17. descubrieron 18. tenía 19. traían 20. encontraron B. Answers will vary.

4.3 Constructions with *se*

1 1. se vende 2. se puede/se debe 3. se baila 4. se sirve 5. se puede/se debe 6. Se debe/Se necesita 7. se habla 8. Se necesita 9. se hacen/se venden

2 Answers may vary. Suggested answers: 1. Se me olvidaron. 2. Se le perdieron. 3. Se lo gastó. 4. Se lo puso. 5. Se nos/les cayó. 6. Se me quedaron. 7. Se las comió. 8. Se lo torció. 9. Se la comió. 10. Se lo llevó.

4.4 Adverbs

1 A. 1. mal 2. bien 3. bastante 4. además de 5. rápido 6. por lo menos 7. frecuentemente/a menudo 8. muchas veces 9. Casi nunca 10. a menudo/frecuentemente B. Answers will vary.

2 A. Answers will vary. B. Answers will vary.

information gap activities

Answers will vary.

surveys

Answers will vary.

role-plays

Answers will vary.

¡a repasar!

1 el cuerpo: 1. el corazón 2. la oreja 3. la pierna la salud: 1. la clínica 2. la receta 3. el síntoma adjetivos: 1. congestionado/a 2. grave 3. sano/a

2 1. fiebre 2. enfermero 3. la temperatura 4. el accidente

3 1. b 2. a 3. a 4. c

4 1. quería 2. iban 3. hablábamos 4. escribías

5 1. se cayó 2. se lastimó 3. recetó 4. prohibió

6 1. era 2. llevaba 3. llegó 4. tenía 5. recetó 6. puso 7. estaba

7 1. Ayer, a Daniel se le perdieron sus documentos. 2. A menudo, a Natalia se le daña su coche. 3. A mi novio siempre se le olvida su abrigo en mi casa. 4. Se me rompe un vaso cada mañana.

8 Answers will vary.

9 Answers will vary.

contextos

1   **Crucigrama**   Resuelve el crucigrama.

Horizontales

2. lugar para estacionar un carro dentro de una casa

6. aparato (*device*) electrónico que se usa para hacer funcionar un aparato a distancia (2 palabras)

7. servicio mundial de información electrónica

9. aparato electrónico que sirve para reproducir canales de televisión

10. vehículo con cuatro llantas que sirve para ir de un lugar a otro

Verticales

1. lugar al que se va para llenar el tanque de un carro con gasolina

3. símbolo que separa las dos partes de una dirección electrónica

4. vía (*route, way*) rápida por donde transitan los carros

5. aparato electrónico que sirve para producir copias de textos o fotos en papel desde una computadora

8. lugar donde se ofrece a los clientes acceso a Internet y servicio de cafetería

contextos

2 **Correcto o incorrecto** Si las palabras corresponden a la imagen, marca el círculo. Si no corresponden, escribe las palabras apropiadas.

el disco compacto ○

1. _____

el policía ○

2. _____

el radio ○

3. _____

el teclado ○

4. _____

la llanta ○

5. _____

el mecánico ○

6. _____

el teléfono celular ○

7. _____

el ratón ○

8. _____

la computadora portátil ○

9. _____

la cámara de video ○

10. _____

el volante ○

11. _____

el capó ○

12. _____

contextos

3

Problemas en el cibercafé En parejas, escojan una lista de palabras. Preparen una conversación en la que un(a) cliente/a de un cibercafé tiene problemas con su computadora. El/La dependiente/a del cibercafé debe ayudarle. La conversación debe ser de dos minutos; recuerden usar todas las palabras de la lista que escogieron.

Modelo

Cliente: Joven, por favor, necesito ayuda.

Dependiente: Claro, ¿qué pasa?

Cliente: Estoy escribiendo un correo electrónico pero la pantalla se apaga cada dos minutos.

Dependiente: A ver. Parece que la pantalla está descompuesta.

Cliente: Ay no. Necesito terminar de escribir mi correo electrónico. ¿Qué puedo hacer?

Dependiente: Bueno, allá hay otra computadora, puede usarla.

Cliente: Mil gracias.

Dependiente: No hay de qué.

el monitor	el blog
funcionar	guardar
la aplicación	navegar
apagar	la página principal
lento	el ratón
la computadora	la pantalla
Internet	descompuesto/a
descargar	escanear
el teclado	el buscador
borrar	grabar
la pantalla	lleno/a
prender	la impresora

estructura

5.1 Familiar commands

1 **La computadora de Fernandito**

A. Los papás de Laura le regalaron una computadora nueva a Fernandito, su hermano menor. Laura es muy paciente y le gusta enseñarle a su hermanito cómo usar la tecnología. Completa la conversación con los mandatos familiares de los verbos entre paréntesis.

LAURA Fernandito, usar la computadora es muy fácil. (1) _____ (Poner) mucha atención. Primero, (2) _____ (prender) la pantalla.

FERNANDITO Ya prendí la pantalla, ¿y ahora?

LAURA Ahora, (3) _____ (mover) el ratón. ¿Ves cómo se mueve el cursor?

FERNANDITO Sí, ¡qué divertido! Pero, ¿cómo puedo navegar en Internet?

LAURA A ver... (4) _____ (Abrir) ese programa que tiene un dibujo con una e grande.

FERNANDITO ¿Éste? ¿Así?

LAURA Sí. (5) _____ (Entrar) a la página principal. ¿Qué vas a hacer en Internet?

FERNANDITO Quiero enviarle un correo electrónico a mamá.

LAURA ¡Qué buena idea! Umm, (6) _____ (escribir) el mensaje; ¡ah!, y no (7) _____ (olvidar) poner la arroba.

FERNANDITO No funciona.

LAURA Déjame ver. Sí funciona, lo que pasa es que la computadora está lenta.

FERNANDITO (8) _____ (Llamar) a papá, puede estar descompuesta.

LAURA No está descompuesta. (9) _____ (Mirar), ya está, acabas de enviar tu primer correo electrónico.

FERNANDITO Genial, gracias hermanita. ¿Me enseñas a imprimir?

LAURA Claro que sí. No (10) _____ (apagar) la computadora.

  B. Ahora, actúen la conversación ante la clase. Pueden cambiar los nombres.

estructura

5.2 Por and para

1 **Emparejar**

A. Empareja las oraciones de la columna A con el uso correcto de **por** y **para** de la columna B.

A

1. El carro de Juan alcanza (*reaches*) solamente 100 kilómetros por hora.

2. Marisela va a arreglar el radio para el domingo.

3. Caminamos por el museo durante dos horas.

4. ¿Vas para México el jueves?

5. Es un ratón para la computadora.

6. Mis amigos estuvieron en Costa Rica por dos semanas.

7. Hablé con mis papás por Internet.

8. Voy a comprar un hermoso vestido para mi hermana en su cumpleaños.

9. Liliana y yo fuimos por la computadora portátil a la casa de Pablo.

10. Marcos trabaja para Cibercafé Corrientes.

B

_____ a. Movement: Motion or a general location

_____ b. Means by which something is done

_____ c. Object of a search

_____ d. Time: Deadline or a specific time in the future

_____ e. Unit of measure

_____ f. Purpose + [noun]

_____ g. Movement: Destination

_____ h. Time: Duration of an action

_____ i. The recipient of something

_____ j. In the employment of

B. Ahora, escribe cuatro oraciones (dos con **para** y dos con **por**). Reta a un(a) compañero/a a emparejarlas con su uso correspondiente.

A

1. _____

   _____

2. _____

   _____

3. _____

   _____

4. _____

   _____

B

_____ a. _____

   _____

_____ b. _____

   _____

_____ c. _____

   _____

_____ d. _____

   _____

estructura

5.2 Por and para

2 **Problemas con la cámara digital**

A. Hernán compró una cámara digital en la tienda Tecno-e pero no sabe cómo usarla. Completa con **por** y **para** el correo electrónico que le envía al departamento de servicio al cliente.

Para: Servicio al cliente	De: Hernán Pérez	Asunto: ¿Cómo manejo mi cámara digital?

Buenos días:

Hace dos días compré una cámara digital (1) _____ mí en su almacén, pero no sé cómo usarla. Ese día, estuve caminando (2) _____ su tienda (3) _____ dos horas, hasta que encontré la cámara que quería. Cuando llegué a mi casa quise usarla pero me di cuenta de que no sabía cómo hacerlo. Llamé a la tienda y hablé (4) _____ teléfono con un dependiente. Él me dio este correo electrónico y me dijo que ustedes podían ayudarme. (5) _____ mí, es muy difícil entender la tecnología. Necesito aprender rápidamente porque yo trabajo (6) _____ una empresa multinacional y el viernes salgo (7) _____ Puerto Rico de viaje; tengo que llevar mi cámara nueva a una conferencia allá (8) _____ sacar fotos (9) _____ nuestro boletín mensual (*newsletter*). Quiero recordarles que yo pagué mucho dinero (10) _____ esta cámara. Espero una pronta (*prompt*) respuesta.

Muchas gracias,
Hernán Pérez

B. Ahora, escribe la respuesta que Servicio al cliente le da a Hernán, donde le dice que no puede ayudarlo. Debes usar **por** y **para** al menos cuatro veces. ¡Sé creativo/a! Comparte tu mensaje con la clase.

Para: Héctor Pérez	De: Servicio al cliente	Asunto: Re: ¿Cómo manejo mi cámara digital?

_____

_____

_____

_____

_____

_____

_____

_____

estructura

5.3 Reciprocal reflexives

1 **Completar** Usa las palabras para completar las oraciones.

abrazarse	contarse	llevarse
ayudarse	decirse	ponerse
conocerse	hablarse	verse

1. ¿Es verdad que Manuel y tú _____ ayer en la biblioteca?

2. Todos sabemos que Elena y Martín _____ en todas sus tareas.

3. Mauricio y Marcela _____ por teléfono durante horas.

4. Cada vez que Lucía y yo _____, discutimos.

5. Antes de despedirse en el aeropuerto, las chicas _____.

6. Lina y yo _____ lo que hicimos en nuestras vacaciones.

7. Germán y yo estábamos muy enojados y _____ cosas muy feas.

8. Mi hermano y su esposa nunca _____ de acuerdo (*agree*) sobre dónde pasar sus vacaciones.

9. Luis y Tatiana _____ muy bien, ¡siempre hacen todos los quehaceres juntos!

estructura

5.3 Reciprocal reflexives

2 **Oraciones** Escribe seis oraciones lógicas. Usa las palabras de las columnas A y B.

> **Modelo**
>
> **nosotras / cuidarse**
> Nosotras nos cuidamos cuando salimos de excursión a las montañas.

A	B
tú y yo	besarse
Rodrigo y Luisa	cuidarse
las niñas	darse
nosotros	mirarse
ellos	saludarse
Andrea y tú	verse

1. _____

_____

2. _____

_____

3. _____

_____

4. _____

_____

5. _____

_____

6. _____

_____

estructura

5.4 Stressed possessive adjectives and pronouns

1 **Rita, la chica sin memoria**

A. Rita perdió la memoria (*memory*). Como no recuerda nada, siempre tiene que preguntar de quién es cada cosa que ve. Lee las respuestas de Sandra, su prima, y escribe las preguntas que le hace Rita. Usa los adjetivos posesivos correctos. Sigue el modelo.

> **Modelo**
>
> **(yo) ¿Ese reproductor de MP3 es mío?**
> **—¡No! Ese reproductor de MP3 es de Carlos.**

1. —(nosotros) _____

   —¡No! Esos discos compactos son de Laura y Daniel.

2. —(tú) _____

   —¡No! Aquella impresora es de mi profesor de español.

3. —(tú) _____

   —¡No! Este sitio web es de mi novio.

4. —(yo) _____

   —¡No! Esa cámara digital es de Yolanda.

5. —(él) _____

   —¡No! Ese televisor es de mi hermana.

6. —(ellas) _____

   —¡No! Estas llaves son de Mauricio y Óscar.

7. —(tú) _____

   —¡No! Esa computadora portátil es de Carolina.

8. —(yo) _____

   —¡No! Aquellos reproductores de DVD son de mis papás.

9. —(ellos) _____

   —¡No! Aquellas llantas son de los mecánicos del taller.

10. —(nosotros) _____

    —¡No! Este carro es de Jesús.

B. Ahora, escribe tres respuestas similares a las de la actividad A. Reta a un(a) compañero/a a escribir las preguntas.

1. —(_____) _____

   — _____

2. —(_____) _____

   — _____

3. —(_____) _____

   — _____

information gap activity

Estudiante 1

1 **¡Tanto que hacer!** (student text p. 167) Aquí tienes una lista de diligencias (*errands*). Algunas las hiciste tú y algunas las hizo tu compañero/a. Las diligencias que ya hiciste tú tienen esta marca ✔. Pero quedan cuatro diligencias por hacer. Dale mandatos a tu compañero/a, y él/ella responde para confirmar si hay que hacerla o ya la hizo.

> **Modelo**
>
> **Estudiante 1:** Llena el tanque.
> **Estudiante 2:** Ya llené el tanque. / ¡Ay no! Tenemos
> que llenar el tanque.

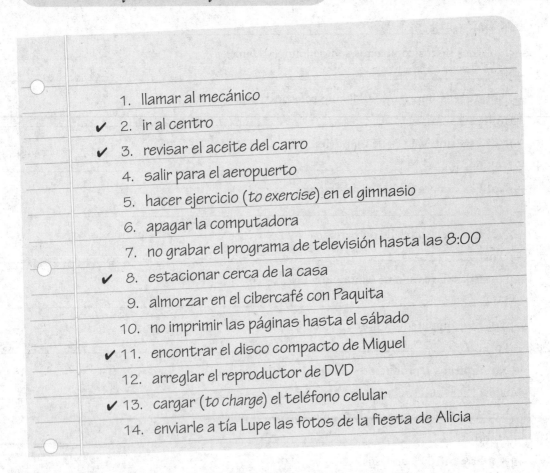

1. llamar al mecánico
✔ 2. ir al centro
✔ 3. revisar el aceite del carro
4. salir para el aeropuerto
5. hacer ejercicio (*to exercise*) en el gimnasio
6. apagar la computadora
7. no grabar el programa de televisión hasta las 8:00
✔ 8. estacionar cerca de la casa
9. almorzar en el cibercafé con Paquita
10. no imprimir las páginas hasta el sábado
✔ 11. encontrar el disco compacto de Miguel
12. arreglar el reproductor de DVD
✔ 13. cargar (*to charge*) el teléfono celular
14. enviarle a tía Lupe las fotos de la fiesta de Alicia

Escribe las cuatro diligencias por hacer. Elige las dos que quieras hacer tú y dile a tu compañero/a que no tiene que hacerlas, usando mandatos negativos.

> **Modelo**
>
> No llenes el tanque. Lo lleno yo.

1. _____
2. _____
3. _____
4. _____

information gap activity

Estudiante 2

1 **¡Tanto que hacer!** (student text p. 167) Aquí tienes una lista de diligencias (*errands*). Algunas las hiciste tú y algunas las hizo tu compañero/a. Las diligencias que ya hiciste tú tienen esta marca ✔. Pero quedan cuatro diligencias por hacer. Dale mandatos a tu compañero/a, y él/ella responde para confirmar si hay que hacerla o ya la hizo.

> **Modelo**
>
> **Estudiante 1:** Llena el tanque.
> **Estudiante 2:** Ya llené el tanque. / ¡Ay no! Tenemos
> que llenar el tanque.

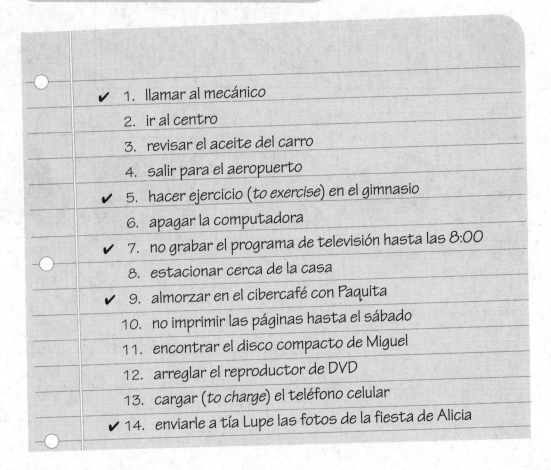

> ✔ 1. llamar al mecánico
>
> 2. ir al centro
>
> 3. revisar el aceite del carro
>
> 4. salir para el aeropuerto
>
> ✔ 5. hacer ejercicio (*to exercise*) en el gimnasio
>
> 6. apagar la computadora
>
> ✔ 7. no grabar el programa de televisión hasta las 8:00
>
> 8. estacionar cerca de la casa
>
> ✔ 9. almorzar en el cibercafé con Paquita
>
> 10. no imprimir las páginas hasta el sábado
>
> 11. encontrar el disco compacto de Miguel
>
> 12. arreglar el reproductor de DVD
>
> 13. cargar (*to charge*) el teléfono celular
>
> ✔ 14. enviarle a tía Lupe las fotos de la fiesta de Alicia

Escribe las cuatro diligencias por hacer. Elige las dos que quieras hacer tú y dile a tu compañero/a que no tiene que hacerlas, usando mandatos negativos.

> **Modelo**
>
> No llenes el tanque. Lo lleno yo.

1. _____

2. _____

3. _____

4. _____

Lección 5 Information Gap Activities   **107**

information gap activity

Estudiante 1

2 **¿De quién es?** (students text p.177) Tu amiga Cecilia va a mudarse a otra ciudad. Hay cosas en su apartamento que pertenecen (*belong*) a ella, a tu compañero/a y a ti. Tú y tu compañero/a deben intercambiar la información que tienen para saber de quién son las cosas.

> **Modelo**
>
> **Estudiante 1:** ¿Esta cámara de video es de Cecilia?
> **Estudiante 2:** No, no es suya, es...

yo

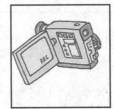

_____

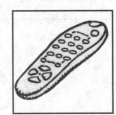

_____

_____

Cecilia

Cecilia

mi compañero/a y yo

_____

yo

_____

Ahora, con frases completas, escribe de quién es cada cosa.

_____

_____

_____

_____

_____

_____

_____

_____

information gap activity

Estudiante 2

2 **¿De quién es?** Tu amiga Cecilia va a mudarse a otra ciudad. Hay cosas en su apartamento que pertenecen (*belong*) a ella, a tu compañero/a y a ti. Tú y tu compañero/a deben intercambiar la información que tienen para saber de quién son las cosas.

Modelo

Estudiante 1: ¿Esta cámara de video es de Cecilia?
Estudiante 2: No, no es suya, es...

_____

yo

mi compañero/a y yo

_____

mi compañero/a y yo

_____

_____

Cecilia

yo

_____

Ahora, con frases completas, escribe de quién es cada cosa.

_____

_____

_____

_____

_____

_____

_____

_____

_____

Lección 5 Information Gap Activities **109**

survey

1 **¿Cómo te va con la tecnología?** Haz preguntas usando las categorías de la primera columna. Circula por la clase, encuesta a tus compañeros/as y escribe sus nombres y sus respuestas en la columna correcta. Sigue el modelo. Al final, comparte los resultados con la clase.

Modelo

cámara de video
Tú: ¿Tienes cámara de video?
Juliana: Sí, mis papás me regalaron una en Navidad.
Tú: ¿Y sabes usarla?
Juliana: La verdad, no.

Categorías	Nombre	Respuesta
cámara de video	Juliana	No sabe usarla.
1. computadora portátil		
2. teléfono celular		
3. reproductor de MP3		
4. cámara digital		
5. televisor		
6. reproductor de DVD		
7. sitio web		
8. impresora		
9. estéreo		
10. reproductor de CD		
11. ¿?		
12. ¿?		

role-play

1

En el taller mecánico (student text p. 167) Su profesor(a) les entrega unas tarjetas con un escenario en cada una. En parejas, escojan sus roles y preparen una escena siguiendo las instrucciones. Recuerden incluir el vocabulario y la gramática de esta lección. Presenten su escena a la clase. ¡Sean creativos/as!

> **Modelo**
>
> **Mecánico:** ¿Qué le pasa a su carro, señor López?
>
> **Señor López:** Llevo una semana *diciéndole* que NO PRENDE.
>
> **Mecánico:** Pero señor López...
>
> **Señor López:** Pero nada. Usted es el peor mecánico de esta ciudad. Cada vez que vengo por su taller, usted siempre me contesta lo mismo.
>
> **Mecánico:** No se enoje, señor López. Mire, venga el próximo miércoles, para ese día su carro está listo.
>
> **Señor López:** No le creo. La semana pasada me dijo que el carro iba a estar listo para hoy y mire, usted ni siquiera (*not even*) sabe por qué está descompuesto.
>
> **Mecánico:** Tranquilo, señor López, mire que se puede enfermar. Vaya y coma algo, y en dos horas le voy a tener su carro arreglado.
>
> **Señor López:** Ni puedo estar tranquilo ni me voy a enfermar. ¿Cómo que dos horas? ¡Quiero que arregle mi carro ahora mismo!

1 En el taller mecánico

Time: 30 minutes

Resources: Role-play cards

Instructions: Photocopy the role-play cards and have students work in pairs. Give each pair a set of cards. Students should prepare a three- to four-minute conversation using the vocabulary and grammar from the lesson. Give students 15 minutes to prepare their role-plays. Make sure all students have a speaking part. After groups have presented, poll the class to vote on which role-play was the most funny, serious, realistic, etc.

You can vary the activity by asking students to film their conversations and share them with the class.

1 Role-play cards

Tú eres un(a) mecánico/a. No quieres arreglar el carro de tu cliente/a porque te sientes muy cansado/a y, además, porque ese/a cliente/a te cae muy mal. Tu compañero/a empieza.	Tú eres un(a) cliente/a de un taller mecánico. Estás muy enojado/a porque el/la mecánico/a es muy antipático/a y no quiere arreglar tu carro. Ahora sólo quieres hablar con su jefe/a. Tú empiezas: —¡Pero qué antipático/a es usted señor(a)! Por favor, llame a su jefe/a, necesito hablar con él/ella.
Tú eres el/la mejor amigo/a del/de la dueño/a del taller mecánico de tu barrio. Él/Ella te pidió que le ayudaras a limpiar el taller y a hacer unas llamadas. Estás cansado/a y acaba de llegar un(a) cliente/a muy maleducado/a y te dice que tienes que arreglar su carro ahora mismo, pero tú no eres el/la mecánico/a ¡eres el/la mejor amigo/a del mecánico! Tú empiezas: —No señor(a), yo no puedo arreglar su carro. ¡Yo no soy mecánico/a! Yo solamente vine a ayudar a mi amigo/a a limpiar el taller.	Tú eres un(a) cliente/a enojado/a y además muy maleducado/a. Necesitas llegar rápido a tu trabajo y la persona del taller no quiere arreglar tu carro. Sabes que él/ella no es el/la mecánico/a pero piensas que él/ella puede arreglar tu carro; para ti, todos llevamos un(a) mecánico/a dentro. Tu compañero/a empieza.
Tú eres un(a) mecánico/a. Estás preocupado/a porque un(a) cliente/a dice que el carro que le entregaste no es el suyo, pero tú estás seguro/a de que le entregaste el carro correcto. Tu compañero/a empieza.	Tú eres un(a) cliente/a en un taller mecánico. Estás muy nervioso/a porque estás seguro/a de que el/la mecánico/a te entregó el carro equivocado, aunque es igual al tuyo. Tú empiezas: —¿Usted no se da cuenta de que me entregó el carro equivocado? Yo conozco muy bien mi carro, ¡y éste no es el mío!
Tú eres un(a) mecánico/a. Estás muy confundido/a porque quieres arreglar el carro de un(a) cliente/a, pero él/ella no quiere bajarse del carro porque quiere dormir adentro, ¡mientras tú lo arreglas! Tú empiezas: —Pero señor(a), ¿cómo va a dormir dentro del carro ahora? ¡Tengo que arreglarlo!	Tú eres un(a) cliente/a en un taller mecánico. Tienes mucho sueño y quieres dormir. Piensas que puedes tomar una siesta (*take a nap*) dentro de tu carro mientras el/la mecánico/a lo arregla. El/La mecánico/a dice que es peligroso dormir dentro del carro mientras lo arregla. Tu compañero/a empieza.
Tú eres un(a) mecánico/a y ¡estás confundido/a con un(a) cliente/a! Además, estás nervioso/a porque eres nuevo/a y todavía no conoces bien ni a los/las clientes/as ni el taller. Tu compañero/a empieza.	Tú eres un(a) cliente/a. Un(a) joven mecánico/a está arreglando tu carro pero tú piensas que él/ella no sabe mucho, por eso le dices que crees saber qué debe hacer. Estás preocupado/a y sólo deseas salir rápido del taller. Tú empiezas: —¿Cómo que no está seguro/a de qué tiene mi carro? ¡Pero usted es el/la mecánico/a!

role-play

2

Compra y venta (student text p. 171) Vas a vender algunos objetos que ya no necesitas en tu casa o vas a comprar otros que necesitas. Tu instructor(a) te entrega una tarjeta con una lista de artículos que debes vender o comprar, y los precios. El objetivo es vender/comprar todos los artículos de la lista. Puedes regatear; recuerda escribir el nuevo precio en tu hoja. La primera persona en vender/comprar todos los artículos de su lista, gana.

Modelo

Vendedor: ¿Esta maravillosa cámara de video? ¡Puedes llevártela por diez dólares!

Comprador: Ay no, está muy cara.

Vendedor: Pero es de muy buena calidad. Además, sólo tiene dos años de uso.

Comprador: No sé. Déjamela en cinco dólares y te la compro.

Vendedor: ¡Pero en diez dólares es toda una ganga!

Comprador: Muy bien. Me la llevo.

2 Compra y venta

Resources: Shopping assignments

Instructions: Photocopy and cut out the shopping assignments on the following pages. Ensure there is a balanced number of buyers and sellers. Tell students they will be buying or selling items at a yard sale. The first person to buy or sell all the items on their list wins. Give each student one list.

Students can bargain if they want and should write the agreed-upon price on their charts. When students find the person who can help them, they should write the name of that person next to the item.

You can vary the activity by giving the students a blank chart. They should write down what they want to buy or sell and then try to bargain.

2 Shopping assignments

Rol	Artículo	Precio	Vendedor(a)
Tú eres un(a) cliente/a	una cámara digital negra	$15	
	un estéreo grande	$30	
	un televisor de 21 pulgadas (*inches*)	$50	
	un radio azul	$7	
	una computadora portátil blanca	$40	
	un reproductor de DVD azul	$18	
	un teclado rosado	$10	
	un ratón amarillo	$8	
	una llanta	$22	

Rol	Artículo	Precio	Vendedor(a)
Tú eres un(a) cliente/a	un reproductor de MP3 azul	$10	
	una cámara digital roja	$8	
	un estéreo pequeño	$17	
	un televisor de 29 pulgadas (*inches*)	$65	
	un radio azul	$10	
	una computadora portátil blanca	$20	
	un reproductor de DVD negro	$12	
	un teclado rosado	$15	
	una llanta	$30	

Rol	Artículo	Precio	Vendedor(a)
Tú eres un(a) cliente/a	un teléfono celular con MP3	$20	
	una cámara de video grande	$18	
	un disco compacto de Shakira	$18	
	un radio viejo	$25	
	una impresora negra	$30	
	una computadora nueva	$23	
	un navegador GPS	$32	
	un programa de computación	$45	
	un reproductor de CD anaranjado	$24	

Rol	Artículo	Precio	Vendedor(a)
Tú eres un(a) cliente/a	un teléfono celular con radio	$19	
	una cámara de video pequeña	$12	
	un disco compacto de Enrique Iglesias	$25	
	un radio nuevo	$38	
	una impresora blanca	$30	
	una pantalla azul	$22	
	un navegador GPS	$15	
	un programa de computación	$18	
	un reproductor de CD café	$33	

2 Shopping assignments

Rol	Artículo	Precio	Cliente/a
Tú eres un(a) vendedor(a)	un televisor de 21 pulgadas (*inches*)	$50	
	un ratón amarillo	$8	
	un reproductor de MP3 azul	$10	
	una computadora portátil blanca	$20	
	un teclado rosado	$15	
	una cámara de video grande	$18	
	un programa de computación	$45	
	un disco compacto de Enrique Iglesias	$25	
	un navegador GPS	$15	

Rol	Artículo	Precio	Cliente/a
Tú eres un(a) vendedor(a)	una cámara digital negra	$15	
	una computadora portátil blanca	$40	
	un estéreo pequeño	$17	
	un reproductor de DVD negro	$12	
	una llanta	$30	
	una impresora negra	$30	
	un radio nuevo	$38	
	un programa de computación	$18	
	un teléfono celular con radio	$19	

Rol	Artículo	Precio	Cliente/a
Tú eres un(a) vendedor(a)	un estéreo grande	$30	
	un teclado rosado	$10	
	una llanta	$22	
	un televisor de 29 pulgadas (inches)	$65	
	un radio azul	$10	
	un disco compacto de Shakira	$18	
	un navegador GPS	$32	
	una cámara de video pequeña	$12	
	un reproductor de CD café	$33	

Rol	Artículo	Precio	Cliente/a
Tú eres un(a) vendedor(a)	un radio azul	$7	
	un reproductor de DVD azul	$18	
	una cámara digital roja	$8	
	un teléfono celular con mp3	$20	
	un radio viejo	$25	
	una computadora nueva	$23	
	un reproductor de CD anaranjado	$24	
	una impresora blanca	$30	
	una pantalla azul	$22	

2 Shopping assignments

¡a repasar!

1

Ordenar Ordena las palabras en las categorías correctas.

| el archivo | el baúl | la calle | el canal | el correo de voz | el radio | el monitor | el parabrisas | el ratón |

el carro	la computadora	la tecnología
1. _____	_____	_____
2. _____	_____	_____
3. _____	_____	_____

2

No pertenece Identifica la palabra que no pertenece (*belong*) al grupo.

1. el televisor • el canal • el control remoto • el capó
2. el estéreo • la red • la dirección electrónica • la arroba
3. el cofre • la impresora • la llanta • el volante
4. el sitio web • Internet • la gasolina • la página principal

3

Escoger Escoge la opción que completa correctamente cada oración.

1. Mariela y Manuel fueron a la _____ en su carro.

   a. gasolinera   b. arroba   c. página principal

2. Nicolás le envió un _____ desde su celular a su novia.

   a. monitor   b. cibercafé   c. mensaje de texto

3. Aquí tienes mi _____. Prometo contestarte apenas reciba tu correo.

   a. red   b. dirección electrónica   c. arroba

4. Mi papá descargó un nuevo _____ ayer.

   a. programa de computación   b. reproductor de MP3   c. baúl

4

El carro nuevo de Javier Completa el párrafo con los tiempos correctos de los verbos. Dos verbos no son necesarios.

| arrancar | bajarse | estacionar | funcionar | parar | revisar |

Mi amigo Javier compró un carro nuevo la semana pasada. Ayer, cuando me llevaba al trabajo, el carro se (1) _____. Él lo intentó (2) _____ pero no pudo. (3) _____ del carro y (4) _____ el aceite. Cuando miró el tanque se dio cuenta de que olvidó llenarlo. Javier, ¡qué distraído (*distracted*) eres!

5

El mecánico Completa el párrafo con **por** y **para**.

(1) _____ ser un buen mecánico se necesita saber mucho de carros. (2) _____ mí es muy fácil arreglar los carros de la gente. Mi trabajo es muy agradable. Mis clientes me llaman (3) _____ teléfono y yo paso (4) _____ sus casas y allí mismo les arreglo el carro.

6 Completar Completa las oraciones con los mandatos familiares de los verbos entre paréntesis.

1. Ximena, _____ (apagar) la computadora.

2. Hija, _____ (ir) al cibercafé por la tarde.

3. Hernán, no _____ (prender) el televisor hoy.

4. Amiga, no _____ (imprimir) esa página, está muy fea.

7 Reescribir Reescribe cada oración. Usa los adjetivos posesivos correctos. Sigue el modelo.

> **Modelo**
>
> **Diana y Luisa son mis amigas. (yo)**
> Diana y Luisa también son amigas mías.

1. Ese blog es de mis primos. (nosotros)

   _____.

2. Los dos carros que están afuera son de Carlos. (tú)

   _____.

3. La computadora portátil y el estéreo son de Fernando. (ellos)

   _____.

4. ¡Iván es mi novio! (yo)

   _____.

8 Preguntas Contesta las preguntas usando verbos reflexivos recíprocos y expresiones adverbiales en tus respuestas. Sigue el modelo.

> **Modelo**
>
> **¿Qué hicieron Leonardo y Antonia cuando se vieron? (besarse con amor)**
> Cuando se vieron, Leonardo y Antonia se besaron con amor.

1. ¿Qué hicieron los amigos cuando se encontraron? (saludarse alegremente)

   _____.

2. ¿Qué hicieron tus primas cuando se saludaron? (abrazarse muy fuerte)

   _____.

3. ¿Qué hicieron mi novio y tu prima la semana pasada? (ayudarse mucho en todos los quehaceres)

   _____.

4. ¿Qué hicieron Ana y Guillermo durante las vacaciones? (escribirse mensajes de texto a menudo)

   _____.

9 ¡A practicar! En grupos de cuatro personas, escojan cualquier producto tecnológico, pónganle un nuevo nombre y preparen un comercial para televisión donde lo ofrecen como el mejor del mercado. Incluyan:

- el vocabulario (la tecnología, la computadora, etc.)
- los mandatos familiares
- **por** y **para**
- verbos reflexivos recíprocos
- pronombres y adjetivos posesivos

Presenten su comercial en clase. ¡Sean creativos/as!

contextos

1 Horizontales: 2. garaje 6. control remoto
7. Internet 9. televisor 10. carro **Verticales:**
1. gasolinera 3. arroba 4. autopista
5. impresora 8. cibercafé

2 1. correcto 2. incorrecto; el volante
3. correcto 4. incorrecto; el policía
5. incorrecto; el teclado 6. correcto
7. correcto 8. correcto 9. incorrecto;
la llanta 10. correcto 11. incorrecto;
la computadora portátil 12. correcto

3 Answers will vary.

estructura

5.1 Familiar commands

1 A. 1. Pon 2. prende 3. mueve 4. Abre
5. Entra 6. escribe 7. olvides 8. Llama
9. Mira 10. apagues B. Answers will vary.

5.2 *Por* and *para*

1 A. 1. e 2. d 3. a 4. g 5. f 6. h 7. b 8. i
9. c 10. j B. Answers will vary

2 A. 1. para 2. por 3. por 4. por 5. Para
6. para 7. para 8. para 9. para 10. por
B. Answers will vary.

5.3 Reciprocal reflexives

1 1. se conocieron 2. se ayudan 3. se hablan
4. nos vemos 5. se abrazan/se abrazaron
6. nos contamos 7. nos dijimos 8. se ponen
9. se llevan

2 Answers will vary.

5.4 Stressed possessive adjectives and pronouns

1 A. 1. ¿Esos discos compactos son nuestros?
2. ¿Aquella impresora es tuya? 3. ¿Este
sitio web es tuyo? 4. ¿Esa cámara digital es
mía? 5. ¿Ese televisor es suyo? 6. ¿Estas llaves
son suyas? 7. ¿Esa computadora portátil es
tuya? 8. ¿Aquellos reproductores de DVD
son míos? 9. ¿Aquellas llantas son suyas?
10. ¿Este carro es nuestro? B. Answers will vary.

information gap activities

Answers will vary.

surveys

Answers will vary.

role-plays

Answers will vary.

¡a repasar!

1 **el carro:** 1. el baúl 2. la calle 3. el parabrisas
la computadora: 1. el archivo 2. el monitor
3. el ratón **la tecnología:** 1. el canal 2. el correo
de voz 3. el radio

2 1. el capó 2. el estéreo 3. la impresora
4. la gasolina

3 1. a 2. c 3. b 4. a

4 1. paró 2. arrancar 3. Se bajó 4. revisó

5 1. Para 2. Para 3. por 4. por

6 1. apaga 2. ve 3. prendas 4. imprimas

7 1. Ese blog también es nuestro. 2. Los dos
carros que están afuera también son tuyos.
3. La computadora portátil y el estéreo también
son suyos. 4. Iván también es novio mío.

8 1. Cuando se encontraron, los amigos se
saludaron alegremente. 2. Cuando se saludaron,
mis primas se abrazaron muy fuerte. 3. La
semana pasada, tu novio y mi prima se ayudaron
mucho en todos los quehaceres. 4. Durante
las vacaciones, Ana y Guillermo se escribieron
mensajes de texto a menudo.

9 Answers will vary.

contextos

1 **Crucigrama** Resuelve el crucigrama.

Horizontales

1. un chico que vive en la casa de al lado
4. habitación donde se come
5. aparato eléctrico que sirve para lavar la ropa
7. aparato eléctrico que sirve para hacer café
9. obra de arte que se cuelga (*is hung*) en las paredes
10. objeto que se usa para tomar agua, jugo, leche, etc.

Verticales

2. lugar de una casa donde se prepara la comida
3. habitación donde se duerme
6. tejido (*fabric*) que se usa para cubrir (*cover*) los suelos
8. utensilio que se usa para tomar sopa

contextos

2 **Mi casa es mejor** (student text p. 193) En parejas, escojan una lista de palabras. Preparen una conversación donde dos amigos/as tienen una discusión divertida sobre quién tiene la mejor casa. La conversación debe ser de dos minutos. Recuerden usar todas las palabras de la lista que escogieron, y los comparativos y superlativos **(más/menos... que; el/la más/menos... de).**

Modelo

Amiga 1: Mi casa es hermosa, tiene un jardín grande y una cocina muy *cómoda*.

Amiga 2: Mi casa es mejor. Mi dormitorio es muy grande y la sala... ni te la imaginas.

Amiga 1: En mi casa podemos hacer fiestas y nunca tenemos que limpiar.

Amiga 2: Me alegro por ti, pero mi casa es la más bonita del barrio.

Amiga 1: Nada de eso. Además, en mi casa tenemos los electrodomésticos más modernos.

Amiga 2: Pues, te felicito. Pero sigo pensando que mi casa es mucho mejor, sobre todo porque mi vecino es muy guapo.

Amiga 1: Ja, ¡por fin estamos de acuerdo!

el barrio	las cortinas
el balcón	la sala
el sótano	ensuciar
alquilar	el edificio de apartamentos
la luz	el dormitorio
los muebles	el barrio
el vecino	mudarse
las afueras	el estante
la oficina	la cocina
el patio	el ama de casa
arreglar	el electrodoméstico
el cuadro	cocinar

estructura

6.1 Relative pronouns

1 **La excursión** Tito invitó a Marcela a una excursión a las montañas. Completa el mensaje electrónico que le envió y la respuesta que Marcela le dio. Usa los pronombres relativos **que**, **quien(es)** y **lo que**.

Para: Marcela	De: Tito	Asunto: Recuerda nuestra excursión

Hola Marcela:

¿Recuerdas (1)_____ te dije esta mañana? Bueno, es en serio.

Quiero ir contigo mañana a la excursión (2) _____ vamos a hacer

a las montañas. Mis amigos, a (3) _____ me dijiste que querías

conocer, van a ir con nosotros; además, el lugar al (4) _____

vamos es muy bonito y tranquilo.

Te invité porque me gusta mucho salir con personas agradables como tú.

¡Ah! Hablando de personas agradables, mi hermana, (5) _____ ama

los deportes al aire libre, también va a ir con nosotros. Estoy seguro

de que ustedes se van a llevar muy bien.

¡Estoy tan emocionado! (6) _____ más me gusta de esta excursión,

es que tú vas a ir.

Nos vemos mañana,

Tito ☺

Para: Tito	De: Marcela	Asunto: Re: Recuerda nuestra excursión

Hola Tito:

Gracias por la invitación, pero no voy a la excursión. Mi mamá,

(7) _____ es muy antipática, me dijo que no puedo ir.

(8) _____ más me molesta es que a mi hermanita siempre la

deja ir a todas las excursiones con sus amigos, de (9) _____

no quiero ni hablar. En fin, la mamá (10) _____ tengo es

muy aburrida…

Por favor, salúdame a los amigos de (11) _____ me hablaste y a

tu hermana. Diles que la chica, a (12) _____ su mamá no dejó ir

a la excursión, les manda un abrazo.

Mucha suerte,

Marcela ☹

estructura

6.1 Relative pronouns

2 **Combinar**

Cada par (*pair*) de oraciones tiene una repetición innecesaria. Combínalas en una sola oración usando un pronombre relativo. Sigue el modelo.

> **Modelo**
>
> **Escribimos el libro. El libro es muy interesante.**
> **El libro *que escribimos* es muy interesante.**

1. Compramos la casa. La casa es nueva.
   _____.

2. Leíste la carta. La carta es mía.
   _____.

3. Adela está pensando en el chico. Conoció al chico ayer.
   _____.

4. Viste el hombre en nuestro jardín. El hombre es nuestro vecino.
   _____.

5. Rosario me habló de su amiga. Su amiga es de Panamá.
   _____.

6. Vendimos la lavadora. La lavadora estaba descompuesta.
   _____.

7. Pedro y Johnny trabajan mucho. Pedro y Johnny limpian casas.
   _____.

8. Aquella casa tiene tres dormitorios. Los dormitorios están en el segundo piso.
   _____.

9. Gabriela es ama de casa. Gabriela tiene cuatro hijos.
   _____.

10. Ustedes tienen que planchar la ropa. La ropa está arrugada (*wrinkled*).
    _____.

3 **Definiciones**

 B. Escribe cinco definiciones de palabras del vocabulario de esta lección en las que uses pronombres relativos. Reta a un(a) compañero/a a que adivine cuáles son las palabras correctas. Sigue el modelo.

> **Modelo**
>
> **Estudiante 1:** *Es lo que haces después de comer.*
> **Estudiante 2:** *Quitar la mesa.*
> **Estudiante 1:** *Correcto.*

1. _____
2. _____
3. _____
4. _____
5. _____

estructura

6.2 Formal (**usted/ustedes**) commands

1   **Complétalo** Completa las oraciones con los mandatos formales de los verbos de la lista.

bajar	darme	ir	subirse
barrer	entrar	mirar	terminar
comprar	hablar	quitar	traerme

1. _____ a nadar un rato, yo voy a tomar el sol.

2. No _____ en clase, por favor.

3. Señor Díaz, _____ la mesa, yo me tengo que ir.

4. _____ los pies de la mesa, joven.

5. _____ toda la casa primero.

6. _____ bien, las fotos de mi viaje a Costa Rica.

7. _____ al carro rápido; vamos a llegar tarde.

8. Papá, mamá, _____ esta casa, ¡está súper!

9. Bienvenidos a mi casa, _____.

10. Señora, _____ su pasaje, por favor.

11. _____ de limpiar la casa. Yo saco la basura.

12. Camarero, _____ un café, por favor.

estructura

6.2 Formal (usted/ustedes) commands

2   **La nota de doña Diana** Doña Diana se fue de viaje. Les dejó una nota a los empleados de su casa donde les dice qué tienen que hacer para mantener la casa ordenada. Completa la nota con los mandatos formales de los verbos entre paréntesis.

Buenos días a todos:

Como ya saben, salgo de viaje hoy en la mañana y vuelvo en una semana. Todos, durante mi ausencia, (1) _____ (cumplir) con sus responsabilidades, no (2) _____ (perder) el tiempo, ¡ah! y (3) _____ (cuidar) mucho a Rex, mi perro.

Liliana, (4) _____ (recordar) limpiar el balcón y el garaje todos los días. Juanita, (5) _____ (sacar) la basura a tiempo y no (6) _____ (poner) las cortinas nuevas todavía. Esteban, (7) _____ (lavar) el carro el sábado, (8) _____ (revisar) el aceite y (9) _____ (llenar) el tanque. Gonzalo, no (10) _____ (llegar) tarde como la última vez.

Mientras yo no estoy, (11) _____ (cerrar, ustedes) las ventanas y (12) _____ (quitar, ustedes) el polvo de todos los muebles. A mi regreso quiero que todo esté en orden.

Por último, ¡no (13) _____ (hacer, ustedes) fiestas en mi casa! La última vez, sus amigos dañaron mis cuadros y ensuciaron los sillones.

PD: Les dejo mi foto para que me recuerden.

estructura

6.3 The present subjunctive

1 **Los empleados de doña Diana**

A. Liliana, Esteban y Juanita discuten sobre sus responsabilidades como empleados de la casa de doña Diana. Completa el diálogo con el presente de subjuntivo de los verbos entre paréntesis.

LILIANA Compañeros, creo que lo mejor es que (1) _____ (hacer) lo que dice doña Diana: ¡nada de fiestas!

ESTEBAN Ay, qué aburrida eres, Liliana. ¿Por qué no podemos hacer una fiesta?

JUANITA Yo pienso que Liliana tiene razón. Es necesario que nosotros (2) _____ (seguir) las órdenes de doña Diana.

ESTEBAN Pero chicas, ¿qué tiene de malo que nosotros (3) _____ (invitar) a nuestros amigos a bailar un poco?

LILIANA Tiene todo de malo, Esteban. No seas tan irresponsable.

JUANITA Es cierto. Además, es importante que doña Diana (4) _____ (saber) que puede confiar en nosotros.

ESTEBAN A ver, Juanita. Yo sé que doña Diana es nuestra jefa, pero es mejor que tú no (5) _____ (hacer) todo lo que ella dice.

LILIANA ¿Cómo que no, Esteban? Claro que sí.

JUANITA Mira, Esteban. Es urgente que (6) _____ (cambiar) esa manera de pensar. Si no, te vas a quedar sin trabajo.

ESTEBAN Pues, no me importa. Ahora mismo voy a llamar a todos mis amigos.

LILIANA Perfecto. Ve y llámalos.

JUANITA Pero es bueno que tú (7) _____ (tener) en cuenta que nosotras también vamos a llamar a doña Diana y le vamos a contar lo que piensas hacer.

ESTEBAN ¡Qué aguafiestas (*spoilsports*)! Lo mejor es que me (8) _____ (ir) a lavar el carro.

 B. Ahora, representen la conversación ante la clase. Pueden cambiar los nombres y añadir más detalles.

Lección 6 Estructura   **129**

estructura

6.3 The present subjunctive

2 **Oraciones** Escribe seis oraciones lógicas. Usa las palabras de las columnas A, B y C. Sigue el modelo.

Modelo

es importante que / nuestras hijas / traer
Es importante que nuestras hijas traigan a sus amigos a la casa.

A	B	C
es bueno que	tú	conocer
es importante que	mis primos	dormir
es malo que	Darío y Lucía	jugar
es mejor que	los vecinos	pedir
es necesario que	ustedes	traer
es urgente que	yo	venir

1. _____
   _____
   _____

2. _____
   _____
   _____

3. _____
   _____
   _____

4. _____
   _____
   _____

5. _____
   _____
   _____

6. _____
   _____
   _____

estructura

6.4 Subjunctive with verbs of will and influence

1 **Discusiones**

A. Completa las conversaciones con la forma correcta de los verbos entre paréntesis.

—Fabio, quiero que (1) _____ (escuchar) esta canción. ¡A mí me encanta!

—Uy no, qué horrible. Te sugiero que (2) _____ (estudiar) más y que no (3) _____

(perder) el tiempo con esta música.

—Qué aburrido eres. Nunca te gusta nada. Eso debe ser porque estás cansado; te recomiendo que

(4) _____ (irse) de viaje unos días y (5) _____ (descansar).

—Pues no, no quiero. Creo que tú eres quien necesita unas vacaciones.

—¿¡Sí!? Pues tú…

—Bueno, bueno. Ya tengo que irme.

—Tú no vas a ninguna parte todavía. ¡Necesito que me (6) _____ (ayudar) a limpiar la casa!

—Juliana, necesito que tú y tu hermana (7) _____ (limpiar) hoy su cuarto. Está

muy desordenado.

—Pero mamá, hoy no tenemos tiempo.

—No me importa. Además, les ruego que antes de irse, (8) _____ (sacar) la basura.

—Ay, no. Preferimos que nos (9) _____ (pedir) que (10) _____ (quitar) la mesa.

—Está bien. Entonces quiten la mesa… y limpien su cuarto.

—Sí, ahora mismo lo hacemos, mamá.

  B. Ahora, en parejas, escojan una de las conversaciones y represéntenla ante la clase.

estructura

6.4 Subjunctive with verbs of will and influence

2 **Consejos** Completa las oraciones de una manera lógica con el presente de subjuntivo. Usa los dos verbos entre paréntesis. Sigue el modelo.

Modelo

Les aconsejo que... (llevar, comprar)
Les aconsejo que lleven poca ropa y que compren ropa nueva durante el viaje.

1. Le sugiero que... (buscar, conducir) _____

2. Te recomiendo que... (leer, escribir) _____

3. Quiero que... (ver, escuchar) _____

4. La profesora de matemáticas nos prohíbe que... (hablar, comer) _____

5. Te ruego que... (estacionar, esperar) _____

6. Georgina desea que... (cantar, enseñar) _____

7. Susana le insiste a su hermana que... (irse, llegar) _____

8. El ladrón (*thief*) manda a don Ramón que... (levantar, dar) _____

9. Teresa, es importante que... (no mirar, correr) _____

information gap activity

Estudiante 1

1 **¡Corre, corre!** (student text p. 193) Aquí tienes una serie incompleta de dibujos que forman una historia. Tú y tu compañero/a tienen dos series diferentes. Descríbanse los dibujos para completar la historia.

> **modelo**
>
> **Estudiante 1:** Marta quita la mesa.
> **Estudiante 2:** Francisco...

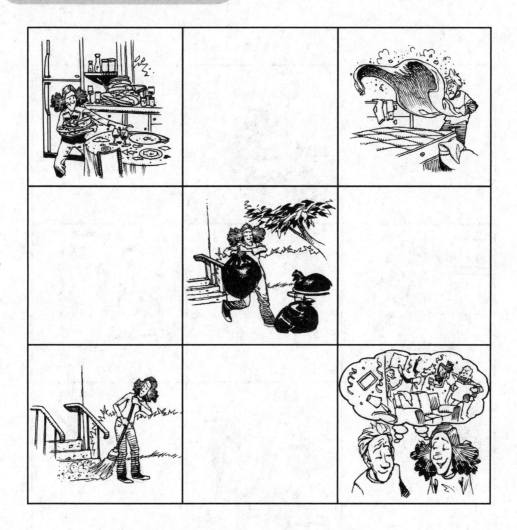

¿Por qué están Marta y Francisco limpiando con tanta prisa? ¿Qué pasó?

_____

_____

_____

_____

_____

information gap activity

Estudiante 2

1 **¡Corre, corre!** (student text p. 193) Aquí tienes una serie incompleta de dibujos que forman una historia. Tú y tu compañero/a tienen dos series diferentes. Descríbanse los dibujos para completar la historia.

> **modelo**
> **Estudiante 1:** Marta quita la mesa.
> **Estudiante 2:** Francisco...

¿Por qué están Marta y Francisco limpiando con tanta prisa? ¿Qué pasó?

_____

_____

_____

_____

_____

information gap activity

Estudiante 1

2 **Investigación** Tu compañero/a y tú son detectives de la policía. Túrnense (*take turns*) para pedir al señor Medina, su asistente, que reúna (*collect*) la evidencia para el caso que quieren resolver. Tú empiezas.

> **modelo**
>
> no olvidar la cámara de la oficina
> *No olvide la cámara de la oficina.*

1. en el jardín, sacar la llave de la mesita / abrir la puerta de la cocina
3. ir al balcón / traer la almohada
5. bajar a la sala / no limpiar la cafetera / ponerla en una bolsa
7. apagar la luz / salir al jardín / cerrar la puerta

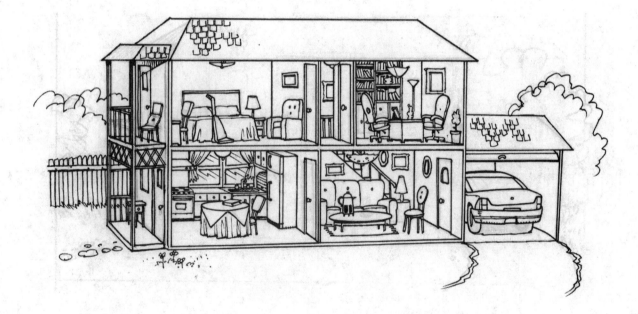

Escribe los lugares que visitó el señor Medina en el orden correcto.

_____

_____

_____

_____

_____

_____

information gap activity

Estudiante 2

2 **Investigación** Tu compañero/a y tú son detectives de la policía. Túrnense (*take turns*) para pedir al señor Medina, su asistente, que reúna (*collect*) la evidencia para el caso que quieren resolver. Tu compañero/a empieza.

> **modelo**
> no olvidar la cámara de la oficina
> *No olvide la cámara de la oficina.*

2. subir al dormitorio / sentarse en el sillón / tomar una foto / pasar la aspiradora

4. entrar a la oficina / buscar una taza en el estante

6. ir a la cocina / tomar el libro

8. poner la llave en la mesita / llevar todas las cosas al carro

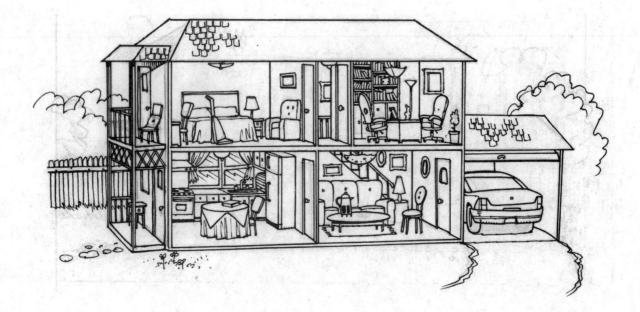

Escribe los lugares que visitó el señor Medina en el orden correcto.

_____

_____

_____

_____

_____

_____

survey

1 **¿Ayudas con los quehaceres?** Haz preguntas usando las palabras de la primera columna. Circula por la clase, encuesta a tus compañeros/as y escribe sus nombres y sus respuestas en la columna correcta. Sigue el modelo. Al final, comparte los resultados con la clase.

> **Modelo**
>
> **barrer el suelo**
> **Estudiante 1:** En tu apartamento, ¿barres el suelo?
> **Estudiante 2:** Sí. Mi papá siempre me pide que lo haga.
> **Estudiante 1:** ¿Cuándo lo haces?
> **Estudiante 2:** Los fines de semana.

Categorías	Nombre	Respuesta
barrer el suelo	Josh	Sí. Los fines de semana.
1. limpiar el cuarto		
2. hacer la cama		
3. cocinar		
4. lavar los platos		
5. limpiar la casa		
6. pasar la aspiradora		
7. planchar la ropa		
8. sacar la basura		
9. quitar la mesa		
10. sacudir los muebles		
11. ¿?		
12. ¿?		

role-play

1 **El programa de realidad** (student text p. 207) Un famoso canal de televisión te escogió a ti y a otros/as compañeros/as para participar en un programa de realidad (*reality show*) llamado *Compañeros*. El programa es sobre un grupo de jóvenes, con personalidades muy diferentes, que tienen que vivir juntos/as. Su profesor(a) les va a dar unas tarjetas con las descripciones de cada participante. Escojan sus roles y preparen una escena donde tratan de ponerse de acuerdo sobre los quehaceres que debe hacer cada uno/a. Recuerden incluir el vocabulario y la gramática de esta lección. Presenten su escena a la clase. ¡Sean creativos/as!

Modelo

Fernando: Bueno, llegó la hora. Necesito que me ayuden a limpiar el apartamento.

Miguel: Yo no puedo. Voy a ver televisión. Te sugiero que lo hagas tú.

Mario: Yo tampoco puedo. Voy a navegar en Internet un rato. Te ruego que no me pidas que te ayude.

Fernando: Pues lo siento mucho, pero es importante que limpiemos y, sobre todo, que todos ayudemos.

Miguel: No cuentes conmigo.

Mario: Ni conmigo.

Fernando: Nada de excusas. Miguel, sacude los muebles y, Mario, barre el suelo.

Miguel: Yo no sé sacudir.

Mario: Yo no sé barrer.

1 El programa de realidad

Time: 30 minutes

Resources: Role-play cards

Instructions: Photocopy the role-play cards and give one set to each group of four. Students should choose a role and then prepare a three- to four-minute sketch using vocabulary and grammar from the lesson. Make sure all students have a speaking part. Give students 15 minutes to prepare their role-plays. After groups have presented, poll the class to vote on which one was the most fun, interesting, etc.

You can create your own role-play cards if you like. Have students work in groups of three and give them 15 minutes to prepare a three- to four-minute sketch. If you cannot divide into groups of three, or if you want the skits to be shorter, you can eliminate one of the secondary characters from each set.

You can also vary the activity by asking students to film their role-plays and share them with the class.

1 Role-play cards

Tú eres un(a) estudiante de artes. Te gusta: escuchar música, cocinar No te gusta: estudiar, sacudir los muebles Piensas que tus compañeros/as son muy antipáticos/as.	Tú eres un(a) estudiante de medicina. Te gusta: estudiar, ver televisión, hacer la cama No te gusta: hablar por teléfono, poner la mesa Piensas que tus compañeros/as son muy trabajadores/as.
Tú eres un(a) estudiante de biología. Te gusta: hablar por teléfono, planchar la ropa No te gusta: ver televisión, barrer el suelo, cocinar Piensas que tus compañeros/as son muy interesantes.	Tú eres un(a) estudiante de matemáticas. Te gusta: pasar la aspiradora, hacer la cama No te gusta: planchar la ropa, cocinar, escuchar música Piensas que tus compañeros/as son muy tontos/as.

Tú eres un(a) estudiante de economía. Te gusta: bailar reggaeton, pasar la aspiradora No te gusta: quitar la mesa, lavar los platos Piensas que tus compañeros/as son muy inteligentes.	Tú eres un(a) estudiante de arqueología. Te gusta: cantar, barrer el suelo No te gusta: hacer la cama, planchar la ropa Piensas que tus compañeros/as son muy simpáticos/as.
Tú eres un(a) estudiante de química. Te gusta: hablar con tus amigos por Internet, lavar el suelo No te gusta: sacudir los muebles, barrer el suelo Piensas que tus compañeros/as son muy feos/as.	Tú eres un(a) estudiante de música. Te gusta: escribir mensajes electrónicos, cocinar No te gusta: quitar la mesa, lavar el suelo Piensas que tus compañeros/as son muy aburridos/as.

Tú eres un(a) estudiante de historia. Te gusta: tomar fotos con tu cámara digital, pasar la aspiradora No te gusta: bailar, sacudir los muebles Piensas que tus compañeros/as son muy divertidos/as.	Tú eres un(a) estudiante de computación. Te gusta: escuchar radio, sacar la basura No te gusta: hacer la cama, lavar los platos Piensas que tus compañeros/as son muy desordenados/as.
Tú eres un(a) estudiante de música. Te gusta: poner la mesa, planchar la ropa No te gusta: escuchar radio, pasar la aspiradora Piensas que tus compañeros/as son muy perezosos/as (lazy).	Tú eres un(a) estudiante de escuela secundaria. Te gusta: bailar salsa, quitar la mesa No te gusta: cocinar, planchar la ropa Piensas que tus compañeros/as son muy guapos/as.

Tú eres un(a) estudiante de ingeniería. Te gusta: ver televisión, barrer el suelo No te gusta: escuchar música, hacer la cama Piensas que tus compañeros/as son muy desordenados/as.	Tú eres un(a) estudiante de periodismo. Te gusta: hablar por teléfono, lavar el suelo No te gusta: lavar los platos, estudiar Piensas que tus compañeros/as son muy interesantes.
Tú eres un(a) estudiante de lenguas extranjeras. Te gusta: escuchar música, lavar los platos No te gusta: planchar la ropa, poner la mesa Piensas que tus compañeros/as son muy aburridos/as.	Tú eres un(a) estudiante de física. Te gusta: bailar merengue, quitar la mesa No te gusta: lavar el suelo, escuchar música Piensas que tus compañeros/as son muy tontos/as.

1 ## Role-play cards

Tú eres _____ Te gusta: _____ No te gusta: _____ Piensas que tus compañeros/as son muy _____	Tú eres _____ Te gusta: _____ No te gusta: _____ Piensas que tus compañeros/as son muy _____
Tú eres _____ Te gusta: _____ No te gusta: _____ Piensas que tus compañeros/as son muy _____	Tú eres _____ Te gusta: _____ No te gusta: _____ Piensas que tus compañeros/as son muy _____

Tú eres _____ Te gusta: _____ No te gusta: _____ Piensas que tus compañeros/as son muy _____	Tú eres _____ Te gusta: _____ No te gusta: _____ Piensas que tus compañeros/as son muy _____
Tú eres _____ Te gusta: _____ No te gusta: _____ Piensas que tus compañeros/as son muy _____	Tú eres _____ Te gusta: _____ No te gusta: _____ Piensas que tus compañeros/as son muy _____

Tú eres _____ Te gusta: _____ No te gusta: _____ Piensas que tus compañeros/as son muy _____	Tú eres _____ Te gusta: _____ No te gusta: _____ Piensas que tus compañeros/as son muy _____
Tú eres _____ Te gusta: _____ No te gusta: _____ Piensas que tus compañeros/as son muy _____	Tú eres _____ Te gusta: _____ No te gusta: _____ Piensas que tus compañeros/as son muy _____

role-play

2 **Vamos a comprar una casa** Su profesor(a) les entrega una tarjeta con un escenario en cada una. En grupos, escojan sus roles y preparen una escena siguiendo las instrucciones. Recuerden incluir el vocabulario y la gramática de esta lección. Presenten su escena a la clase. ¡Sean creativos/as!

Modelo

Vendedora: No hay una casa mejor en este barrio. Además, el precio es excelente.

Comprador 1: Sí, pero no estamos seguros. El jardín es muy pequeño y la cocina no tiene muchas ventanas.

Vendedora: Pero la sala es grande y los baños son hermosos.

Comprador 2: No sé. Quiero ver otras casas para tomar una mejor decisión.

Vendedora: Está bien. Pero hay muchas personas interesadas en esta casa. Si no la compran ahora, después puede ser muy tarde.

Comprador 1: No nos importa. ¡No vamos a comprar esta casa sólo porque usted dice que es la mejor del barrio!

2 Vamos a comprar una casa

Time: 30 minutes

Resources: Role-play cards

Instructions: Photocopy the role-play cards and cut out as many as needed. Have students form groups of three. Give each group one of the situations. Students should each choose a role and together prepare a three- to four-minute sketch using vocabulary and grammar from the lesson. Ensure each student has a speaking role. After all groups have presented their skits, poll the class to vote on which was the most creative, fun, etc.

You can create your own role-play cards if you like. Give groups of three 15 minutes to prepare a three- to four-minute role-play. If you cannot divide into groups of three, or if you want the skits to be shorter, you can eliminate one of the secondary characters from each set.

You can vary the activity by asking students to come in costume and build their own set, or by having them film their role-plays and share them with the class.

2 Role-play cards

Tú eres un(a) vendedor(a) de casas y apartamentos. Eres muy antipático/a y las personas que acaban de llegar a ver la casa no te gustan. Les dices que no deben comprar esta casa porque está muy vieja y, además, porque es muy cara.

Hoy vas con un(a) amigo/a a comprar una casa en las afueras. Cuando la ves, te gusta mucho y decides que la quieres comprar. Le haces muchas preguntas al/a la vendedor(a) pero él/ella es muy antipático/a. Tú estás muy enojado/a y comienzas a gritarle.	Hoy vas con un(a) amigo/a a comprar una casa en las afueras. Tu amigo está muy interesado en verla bien pero a ti no te gusta la casa y mucho menos el/la vendedor(a) porque piensas que es muy extraño/a. Quieres irte ya, y por eso le insistes a tu amigo/a en que se vayan.

Tú eres un(a) vendedor(a) de casas y apartamentos. Eres muy apasionado (*passionate*) por tu trabajo. No soportas (*you can't stand*) que nadie te diga que no. Por eso cada vez que muestras un apartamento quieres que las personas lo compren, y los/las clientes/as que acaban de llegar no son la excepción.

Hoy vas con un(a) primo/a a ver un apartamento que quieren comprar. Cuando ustedes llegan a verlo te das cuenta de que el/la vendedor(a) es muy guapo/a. Tú sólo quieres hablarle y conocerlo/la, pero él/ella insiste en que mires la propiedad.	Hoy vas con un(a) primo/a a ver un apartamento que quieren comprar. Te molesta que el/la vendedor(a) insista tanto en que compren el apartamento, porque a ti no te gusta ni el balcón ni el garaje. Tú piensas que necesitan ver otras propiedades, pero tu primo/a no quiere irse porque el/la vendedor(a) le gusta y quiere conocerlo/la.

Tú eres un(a) vendedor(a) de casas y apartamentos. Eres muy ordenado/a y trabajador(a) y te gusta dejar que los/las clientes/as tomen buenas decisiones. Acaban de llegar dos clientes/as que quieren comprar la casa; ellos/as insisten en que tú les des tu opinión pero tú quieres mostrarles otras opciones.

Es invierno y tú y tu hermano/a van a ver una casa que quieren comprar. Cuando la ven quieren comprarla inmediatamente pero el/la vendedor(a) insiste en que vean otras opciones. Tú sólo quieres salir pronto de allí porque se acerca una tormenta y no quieres conducir en la nieve.	Es invierno y tú y tu hermano/a van a ver una casa que quieren comprar. Cuando la ven, tu hermano/a quiere comprarla inmediatamente pero tú quieres ver otras opciones. Tu hermano/a insiste en que regresen a casa porque se acerca una tormenta. Tú no quieres volver a casa tan temprano, además, no tienes tiempo para ir otro día a ver otras casas.

---

2 Role-play cards

Tú eres un(a) vendedor(a) de casas y apartamentos. Hoy estás muy aburrido/a y te sientes cansado/a. Acaban de llegar dos clientes/as a ver una casa. Debes convencerlos de que comprar esa casa es lo mejor, aunque no tiene baño.

Tú y tu mamá/papá llegan a ver una casa, pero a ti no te gusta porque no tiene baño. Por eso, le pides al/a la vendedor(a) que les muestre otras casas. Te das cuenta de que el/la vendedor(a) trata de convencerlos de que compren la casa, te enojas y comienzas a decirle que es el/la peor vendedor(a) del mundo y que no quieres por ningún motivo comprar una casa que no tiene baño.	Tú y tu hijo/a llegan a ver una casa pero a él/ella no le gusta porque no tiene baño. Ya vieron varias casas y piensas que es tiempo de tomar una decisión pero tu hijo/a está muy enojado/a con el/la vendedor(a). Piensas que no importa que no tenga baño, porque pueden hacer uno que les guste, pero tu hijo/a insiste en que no deben comprar la casa.

¡a repasar!

1 **Ordenar** Ordena las palabras en las categorías correctas.

| el altillo | la estufa | el refrigerador | la servilleta | la taza |
| el cuchillo | el pasillo | la secadora | el sótano | |

los cuartos y otros lugares	los electrodomésticos	la mesa
1. _____	_____	_____
2. _____	_____	_____
3. _____	_____	_____

2 **Seleccionar** Selecciona la palabra que no está relacionada con cada grupo.

1. el congelador • la tostadora • el lavaplatos • el plato
2. la escalera • la entrada • la lavadora • el comedor
3. el tenedor • la lámpara • la copa • el vaso
4. el balcón • las cortinas • la cómoda • la mesita de noche

3 **Escoger** Escoge la opción que completa correctamente cada oración.

1. Adolfo y Catalina quieren que nosotros limpiemos _____ de su casa.
   a. las alfombras   b. las afueras   c. el barrio
2. Sergio le pide a Milena que traiga sus _____ para la fiesta.
   a. copas   b. jardines   c. edificios de apartamentos
3. Nosotros vivimos en un _____.
   a. mueble   b. edificio de apartamentos   c. refrigerador
4. Mi mamá es _____.
   a. almohada   b. cuchara   c. ama de casa

4 **Una chica perezosa** Completa el párrafo con los tiempos correctos de los verbos. Dos verbos no son necesarios.

| arreglar | barrer | pasar | poner | quitar | sacar |

Siempre que hay que limpiar, Paula me pide que la ayude a (1) _____ el suelo y a
(2) _____ el polvo. Yo siempre le digo que no, pero ella insiste en que la ayude porque
es importante que tengamos la casa limpia. A mí no me gusta ni (3) _____ la basura
ni (4) _____ la aspiradora. Lo único que me gusta es ¡dormir todo el día y no hacer nada!

5 **Completar** Completa las oraciones con los pronombres relativos **que**, **quien(es)** y **lo que**.

1. Nubia, _____ vive en México, es muy bonita.
2. _____ más me gusta de esta casa es la sala.
3. El edificio de apartamentos _____ me gusta queda en el barrio Palermo.
4. Las nuevas vecinas, a _____ conocimos ayer, son muy aburridas.

6

Mandatos Completa las oraciones con los mandatos formales de los verbos entre paréntesis.

1. Señores Ruiz, _____ (conducir) con cuidado en la autopista, es muy peligrosa.

2. Camarero, _____ (servir) más sopa, por favor.

3. Julián, _____ (lavar) los platos y _____ (hacer) las camas.

4. Don Juan y doña Diana, _____ (comprar) un refrigerador nuevo.

7

Reescribir Reescribe cada oración con el presente de subjuntivo. Sigue el modelo.

> **Modelo**
>
> **Mónica y Natalia deben limpiar el apartamento. (Es necesario que...)**
> *Es necesario que Mónica y Natalia limpien el apartamento.*

1. Lilia y Margarita necesitan ser más trabajadoras. (Es importante que...)

   _____

2. Nosotros queremos comprar una nueva lavadora. (Es bueno que...)

   _____

3. A Javier le encanta comer hamburguesas y papas fritas. (Es malo que...)

   _____

4. Rosita tiene que arreglar los electrodomésticos que están descompuestos. (Es urgente que...)

   _____

8

Nicolás y sus amigos Los amigos de Nicolás tienen problemas. Ayúdale a darles recomendaciones para solucionarlos. Usa el subjuntivo. Sigue el modelo.

> **Modelo**
>
> **Estoy muy aburrido y no quiero levantarme de la cama hoy.**
> *Insisto en que vayas al gimnasio a hacer ejercicio o que salgas a caminar.*

1. Necesito cocinar algo delicioso pero no tengo ni frutas ni verduras.

   Te sugiero que _____.

2. La mamá de Sebastián quiere que estudie economía, pero él quiere estudiar arte.

   Le recomiendo que _____.

9

¡A practicar! En grupos de cuatro personas, preparen una escena divertida donde dos personas se quejan en un almacén porque compraron unos electrodomésticos hace un mes y ya todos están descompuestos. Las otras dos personas son los/las empleados/as del almacén, quienes insisten en que los clientes no les dieron un buen uso y por eso no deben entregarles electrodomésticos nuevos. Incluyan:

- el vocabulario
- los pronombres relativos
- los mandatos formales
- el subjuntivo con verbos de influencia

Presenten su escena en clase. ¡Sean creativos/as!

contextos

1 **Horizontales:** 1. vecino 4. comedor 5. lavadora
7. cafetera 9. pintura 10. vaso **Verticales:**
2. cocina 3. dormitorio 6. alfombra 8. cuchara

2 Answers will vary.

estructura

6.1 Relative pronouns

1 1. lo que 2. que 3. quienes 4. que 5. quien/
que 6. Lo que 7. quien/que 8. Lo que
9. quienes 10. que 11. quienes 12. quien

2 1. La casa que compramos es nueva. 2. La carta
que leíste es mía. 3. Adela está pensando en el
chico a quien conoció ayer. 4. El hombre que
viste en nuestro jardín es nuestro vecino.
5. Rosario me habló de su amiga, que/quien es
de Panamá. 6. Vendimos la lavadora que estaba
descompuesta. 7. Pedro y Johnny, quienes/que
trabajan mucho, limpian casas./Pedro y Johnny,
quienes/que limpian casas, trabajan mucho.
8. Aquella casa tiene tres dormitorios que están
en el segundo piso. 9. Gabriela, quien/que es ama
de casa, tiene cuatro hijos./Gabriela, quien/que
tiene cuatro hijos, es ama de casa. 10. Ustedes
tienen que planchar la ropa que está arrugada.

3 Answers will vary.

6.2 Formal (*usted/ustedes*) commands

1 1. Vayan 2. hablen 3. quite 4. Baje 5. Barran
6. Miren 7. Súbanse 8. compren 9. entren
10. deme 11. Terminen 12. tráigame

2 1. cumplan 2. pierdan 3. cuiden 4. recuerde
5. saque 6. ponga 7. lave 8. revise 9. llene
10. llegue 11. cierren 12. quiten 13. hagan

6.3 The present subjunctive

1 A. 1. hagamos 2. sigamos 3. invitemos
4. sepa 5. hagas 6. cambies 7. tengas
8. vaya B. Answers will vary.

2 Answers will vary.

6.4 Subjunctive with verbs of will and influence

1 A. 1. escuches 2. estudies 3. pierdas 4. te
vayas 5. descanses 6. ayudes 7. limpien
8. saquen 9. pidas/pida 10. quitemos
B. Answers will vary.

2 Answers will vary.

information gap activities

Answers will vary.

surveys

Answers will vary.

role-plays

Answers will vary.

¡a repasar!

1 **los cuartos y otros lugares:** 1. el altillo 2. el
pasillo 3. el sótano **los electrodomésticos:**
1. la estufa 2. el refrigerador 3. la secadora
la mesa: 1. el cuchillo 2. la servilleta 3. la taza

2 1. el plato 2. la lavadora 3. la lámpara
4. el balcón

3 1. a 2. a 3. b 4. c

4 1. barrer 2. quitar 3. sacar 4. pasar

5 1. quien/que 2. Lo que 3. que 4. quienes

6 1. conduzcan 2. sirva/sírvame 3. lave 4. haga
5. compren

7 1. Es importante que Lilia y Margarita sean
más trabajadoras. 2. Es bueno que nosotros
compremos una nueva lavadora. 3. Es malo
que a Javier le encante comer hamburguesas y
papas fritas. 4. Es urgente que Rosita arregle los
electrodomésticos que están descompuestos.

8 Answers will vary.

9 Answers will vary.

¡Atrévete!

VISTA HIGHER LEARNING

Rules and Instructions

1. **¡Atrévete!** is a set of games that offers students the opportunity to review vocabulary and grammar concepts. The games are organized so students review a few lessons at a time and practice only what they've learned. Materials are provided after lessons 3, and 6. Two boards are provided, one with instructions in Spanish, and one in English. Either board can be used. Each group of lessons has its own set of cardsthat reviews the grammar and vocabulary from those lessons. Each set also has its own numbered answer key.

2. **¡Atrévete!** is designed to be played by a maximum of six students per board. Organize the class into groups of three to six students.

3. Print or photocopy the board game and cards for the lessons you are reviewing. Print multiple copies to accommodate multiple groups. If possible, photocopy the board on large paper and laminate it.

4. Give each group one die and have each student create a token to mark his or her place on the board.

5. Set cards facedown on the spaces indicated on the board. Have students place their tokens on **SALIDA** (*START*). They should then take turns rolling the die and moving their tokens forward according to the number they roll.

6. The student should take the card(s) indicated by the space's image(s) and follow the written instructions.

7. Once a student picks the appropriate card(s), he/she has one minute to complete the task. If time runs out or if the task isn't completed correctly, he/she has to move back one space.

8. If a student lands on an **Avanza/Regresa** (*Move forward/Move back*) space, he/she must move according to its instructions. He/she does not have to complete the task on the new space; it is simply the starting position for his/her next turn.

9. If a student lands on the **Pierde un turno** (*Miss one turn*) space, he/she must sit out one turn.

10. If a student lands on the **Comienza de nuevo** (*Start over*) space, he/she must go back to **SALIDA** (*START*).

11. The **Reto** (*Challenge*) cards are numbered because the answers there can be checked in the Answer Key. If a student does not complete a challenge correctly, he/she misses his/her next turn.

12. The first person to reach the **META** (*FINISH*) space wins.

> Use this game as a review after a break, at the start of a semester, before exams, or for periodic recycling of previously-learned language. We hope you and your students will find it a useful and fun way to practice Spanish!

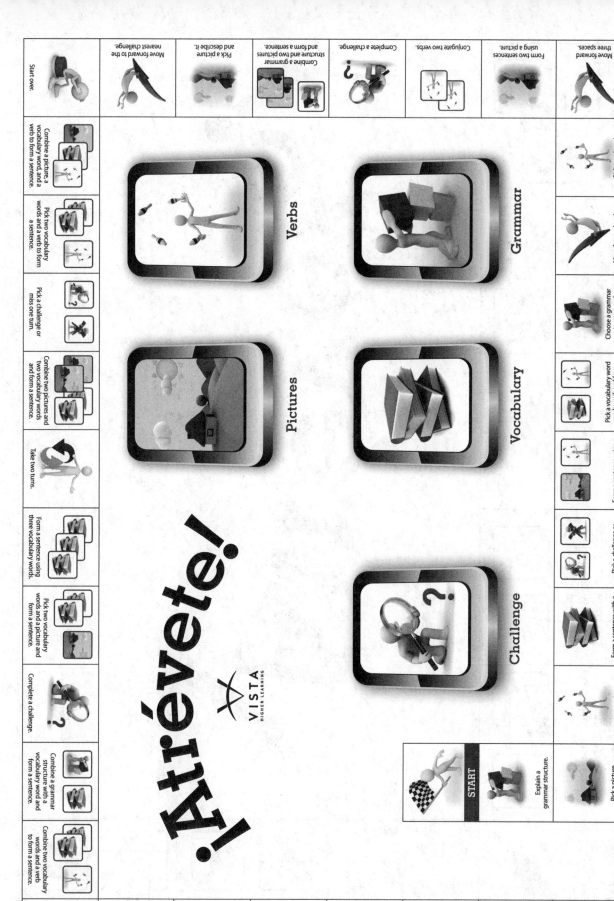

¡Atrévete!

VISTA
HIGHER LEARNING

Verbs

Pictures

Grammar

Vocabulary

Challenge

Move forward three spaces.

Form two sentences using a picture.

Conjugate two verbs.

Complete a challenge.

Combine a grammar structure and two pictures and form a sentence.

Pick a picture and describe it.

Move forward to the nearest challenge.

Start over.

Combine a picture, a vocabulary word, and a verb to form a sentence.

Pick two vocabulary words and a verb to form a sentence.

Pick a challenge or miss one turn.

Combine two pictures and two vocabulary words and form a sentence.

Take two turns.

Form a sentence using three vocabulary words.

Pick two vocabulary words and a picture and form a sentence.

Complete a challenge.

Combine a grammar structure with a vocabulary word and form a sentence.

Combine two vocabulary words and a verb to form a sentence.

Move back two spaces.

Pick a verb and form a sentence.

Move forward to the nearest challenge.

Choose a grammar structure and give one example.

Pick a vocabulary word and a verb and form a sentence.

Form a sentence using a picture and a verb.

Pick a challenge or miss one turn.

Form a sentence with a vocabulary word.

Conjugate one verb.

Pick a picture and describe it.

Explain a grammar structure.

START

 Pick a verb and form a sentence.

 Pick a challenge or miss one turn.

 Form two sentences with two verbs and one vocabulary word.

 Miss one turn.

 Explain a grammar structure and give one example.

 Use a picture and verb to form a sentence.

 FINISH

¡Atrévete! English Game Board **151**

¡Atrévete!

VISTA
HIGHER LEARNING

Form a sentence using three vocabulary words.

Pick two vocabulary words and a picture and form a sentence.

Complete a challenge.

Combine a grammar structure with a vocabulary word and form a sentence.

Combine two vocabulary words and a verb to form a sentence.

Move back two spaces.

Pick a verb and form a sentence.

Pick a challenge or miss one turn.

Form two sentences with two verbs and one vocabulary word.

Pick a challenge or miss one turn.

Form a sentence with a vocabulary word.

Conjugate one verb.

Challenge

START

Explain a grammar structure.

Pick a picture and describe it.

Miss one turn.

Explain a grammar structure and give one example.

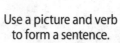

Use a picture and verb to form a sentence.

FINISH

¡**Atrévete!** English Game Board **153**

Combine a grammar structure and two pictures and form a sentence.

Pick a picture and describe it.

Move forward to the nearest challenge.

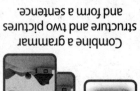

Verbs

Pictures

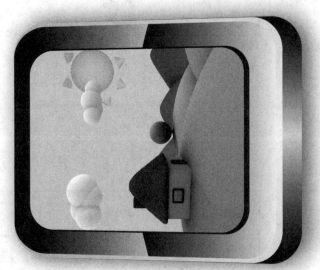

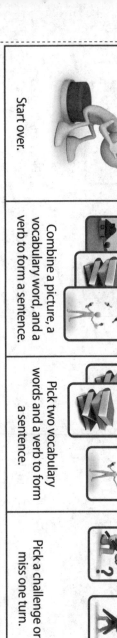

Start over.

Combine a picture, a vocabulary word, and a verb to form a sentence.

Pick two vocabulary words and a verb to form a sentence.

Pick a challenge or miss one turn.

Combine two pictures and two vocabulary words and form a sentence.

Take two turns.

154   **¡Atrévete!** English Game Board

 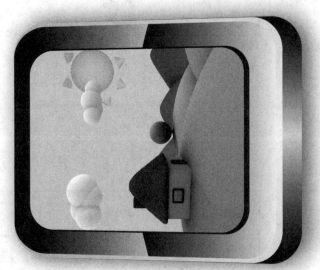

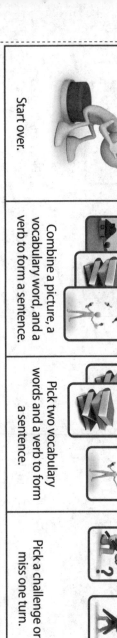

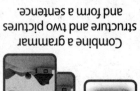

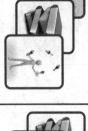

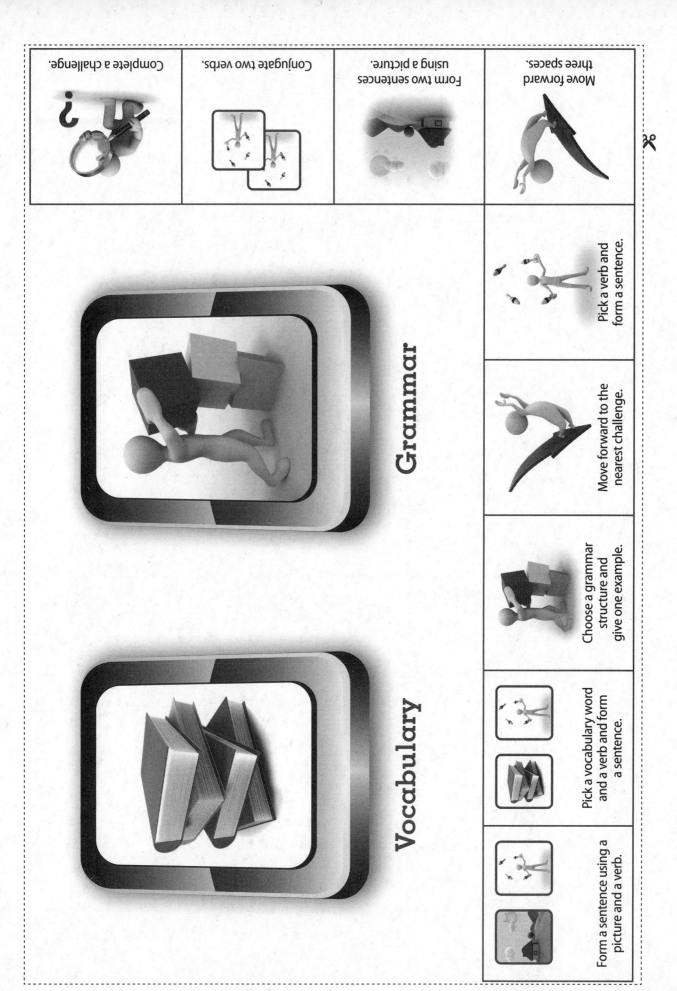

Grammar

Pick a verb and form a sentence.

Move forward to the nearest challenge.

Choose a grammar structure and give one example.

Vocabulary

Pick a vocabulary word and a verb and form a sentence.

Form a sentence using a picture and a verb.

¡Atrévete!

VISTA
HIGHER LEARNING

Verbos

Gramática

Imágenes

Vocabulario

Reto

SALIDA

META

Comienza de nuevo.

Inventa una imagen, una oración con una imagen, una palabra del vocabulario y un verbo.

Toma dos palabras del vocabulario y e inventa una oración lógica.

Completa un reto o pierde un turno.

Inventa una oración con dos imágenes y dos palabras del vocabulario.

Repite el turno.

Toma tres palabras del vocabulario e inventa una oración lógica.

Toma dos palabras del vocabulario y una imagen e inventa una oración lógica.

Completa un reto.

Combina una estructura de gramática y una palabra del vocabulario e inventa una oración lógica.

Combina dos palabras del vocabulario y un verbo e inventa una oración.

Regresa dos espacios.

Avanza hasta el reto más próximo.

Toma una imagen y descríbela.

Combina una estructura de gramática y dos imágenes e inventa una oración lógica.

Completa un reto.

Conjuga dos verbos.

Toma una imagen e inventa dos oraciones lógicas.

Avanza tres espacios.

Toma un verbo e inventa una oración lógica.

Avanza hasta el reto más próximo.

Escoge una estructura de gramática y da un ejemplo.

Toma una palabra del vocabulario y un verbo e inventa una oración lógica.

Toma una imagen y un verbo e inventa una oración lógica.

Completa un reto o pierde un turno.

Toma una palabra del vocabulario e inventa una oración lógica.

Conjuga un verbo.

Explica una estructura de gramática.

Toma una imagen y descríbela.

Toma un verbo e inventa una oración lógica.

Completa un reto o pierde un turno.

Inventa dos oraciones con dos verbos y una palabra del vocabulario.

Pierde un turno.

Explica una estructura de gramática y da un ejemplo.

Toma una imagen y un verbo e inventa una oración lógica.

¡Atrévete! Spanish Game Board   **157**

¡Atrévete!

Toma tres palabras del vocabulario e inventa una oración lógica.

Toma dos palabras del vocabulario y una imagen e inventa una oración lógica.

Completa un reto.

Combina una estructura de gramática y una palabra del vocabulario e inventa una oración lógica.

Combina dos palabras del vocabulario y un verbo e inventa una oración.

Regresa dos espacios.

Toma un verbo e inventa una oración lógica.

Completa un reto o pierde un turno.

Inventa dos oraciones con dos verbos y una palabra del vocabulario.

Completa un reto o pierde un turno.

Toma una palabra del vocabulario e inventa una oración lógica.

Conjuga un verbo.

Reto

SALIDA

Explica una estructura de gramática.

Toma una imagen y descríbela.

Pierde un turno.

Explica una estructura de gramática y da un ejemplo.

Toma una imagen y un verbo e inventa una oración lógica.

META

Comienza de nuevo.

Avanza hasta el reto más próximo.

Toma una imagen y descríbela.

Combina una estructura de gramática y dos imágenes e inventa una oración lógica.

Inventa una oración con una imagen, una palabra del vocabulario y un verbo.

Toma dos palabras del vocabulario y un verbo e inventa una oración lógica.

Completa un reto o pierde un turno.

Inventa una oración con dos imágenes y dos palabras del vocabulario.

Repite el turno.

Verbos

Imágenes

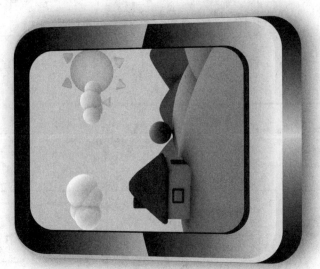

Completa un reto.

Conjuga dos verbos.

Toma una imagen
e inventa dos
oraciones lógicas.

Avanza tres espacios.

Gramática

Toma un verbo e inventa
una oración lógica.

Avanza hasta el reto
más próximo.

Escoge una estructura
de gramática y da
un ejemplo.

Vocabulario

Toma una palabra
del vocabulario y un
verbo e inventa una
oración lógica.

Toma una imagen y un
verbo e inventa una
oración lógica.

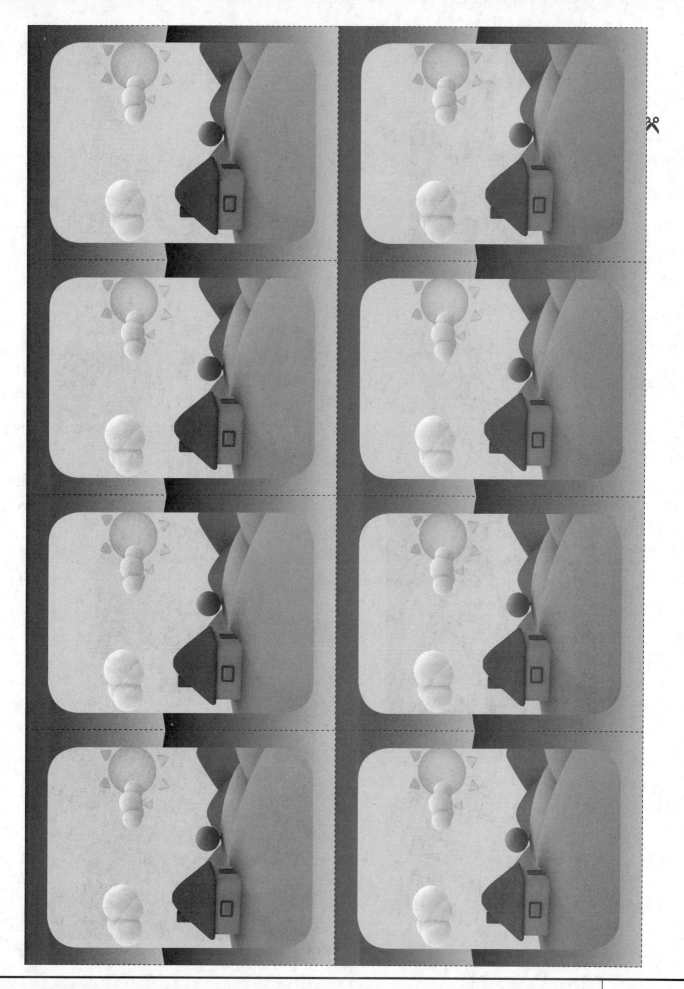

Lecciones 1–3 ¡Atrévete! Cards

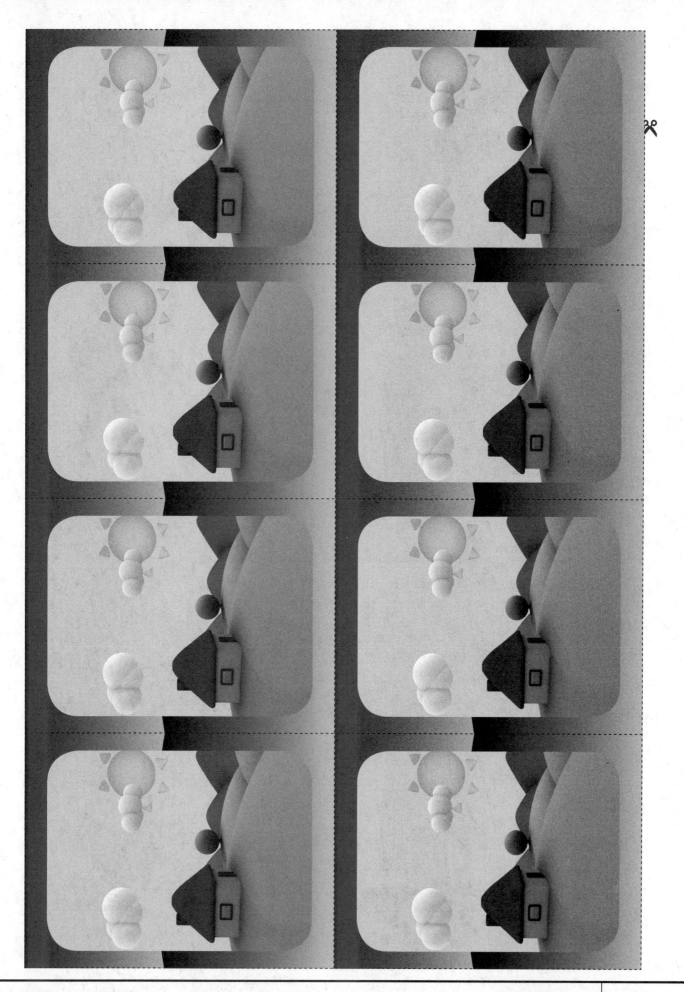

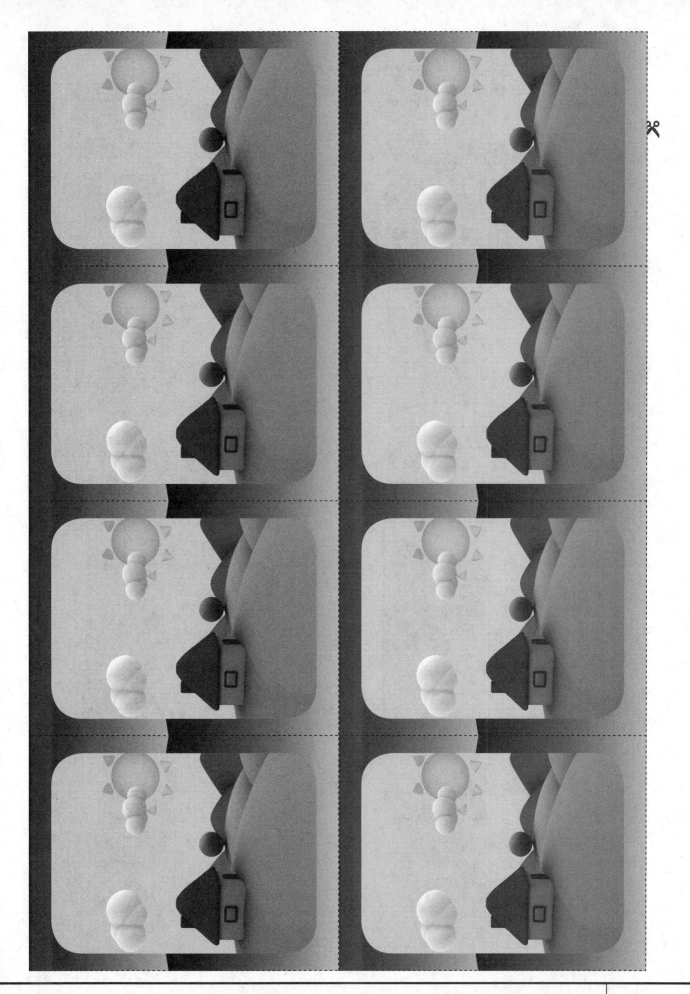

Lecciones 1 – 3 ¡Atrévete! Cards

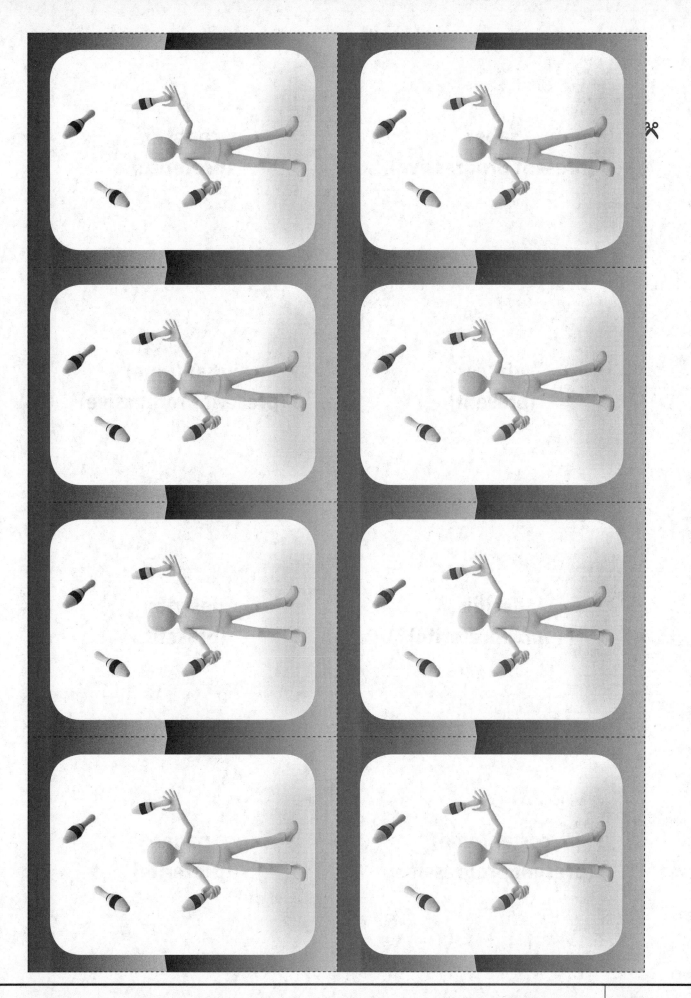

saber
(present progressive)

conocer
(preterite)

ofrecer
(present)

jugar (u:ue)
(present progressive)

decidir
(+ *inf.*) (preterite)

describir
(present)

costar (o:ue)
(present progressive)

pagar
(preterite)

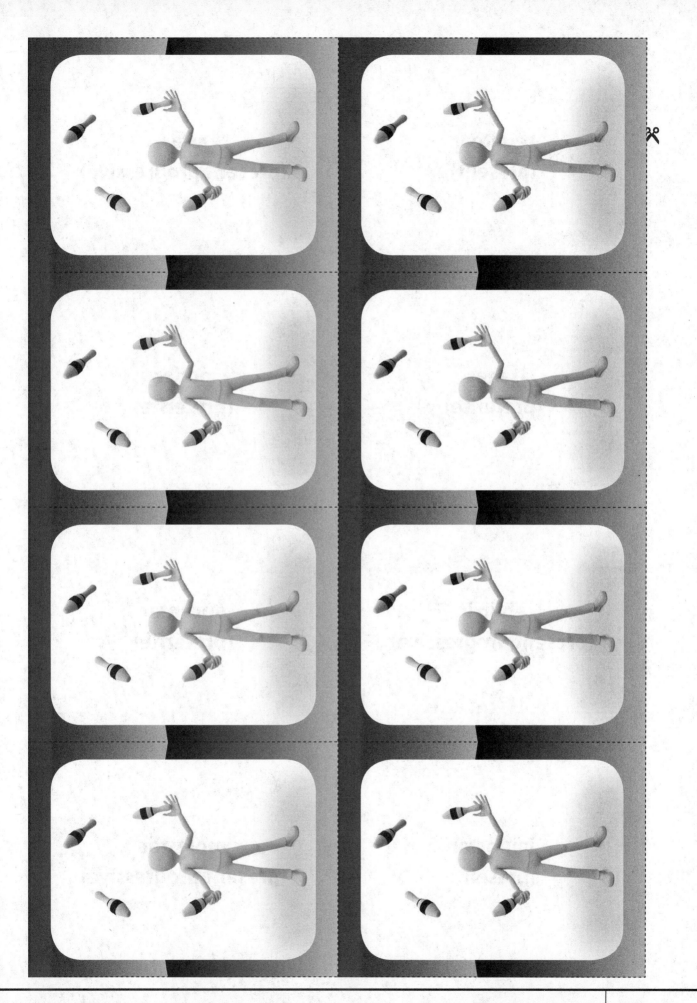

regatear
(present)

usar
(present progressive)

tener
(preterite)

poder
(preterite)

aburrir
(present progressive)

encantar
(preterite)

importar
(present)

molestar
(present progressive)

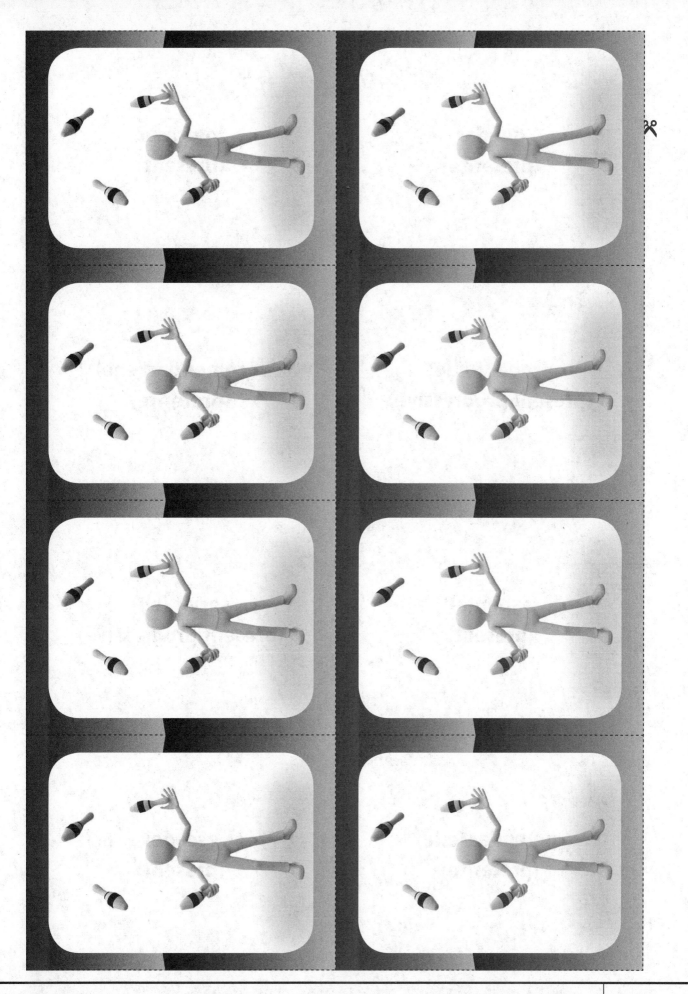

quedar
(preterite)

interesar
(present)

probar (o:ue)
(present progressive)

recomendar (e:ie)
(preterite)

saber (a)
(present)

servir (e:i)
(present progressive)

merendar (e:ie)
(preterite)

escoger
(present)

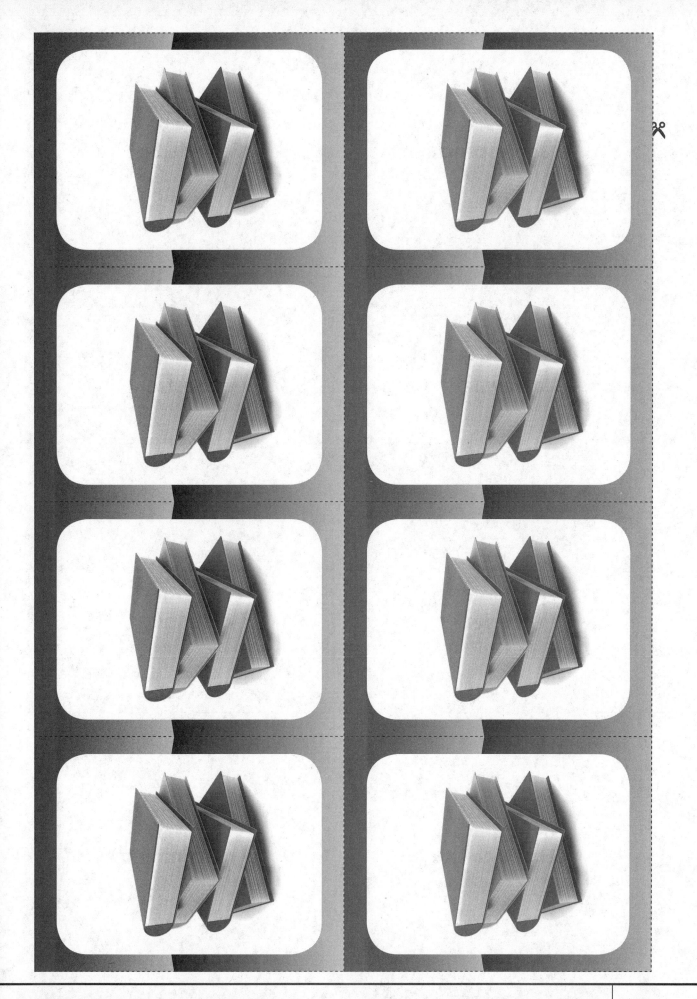

Lecciones 1–3 ¡Atrévete! Cards

la adolescencia

¡Felicidades!

la Navidad

el postre

la vejez

casado/a

tener una cita

el matrimonio

Lecciones 1–3 ¡Atrévete! Cards

celebrar

el cumpleaños

el aniversario

la quinceañera

pasarlo bien/mal

casarse (con)

jubilarse

los dulces

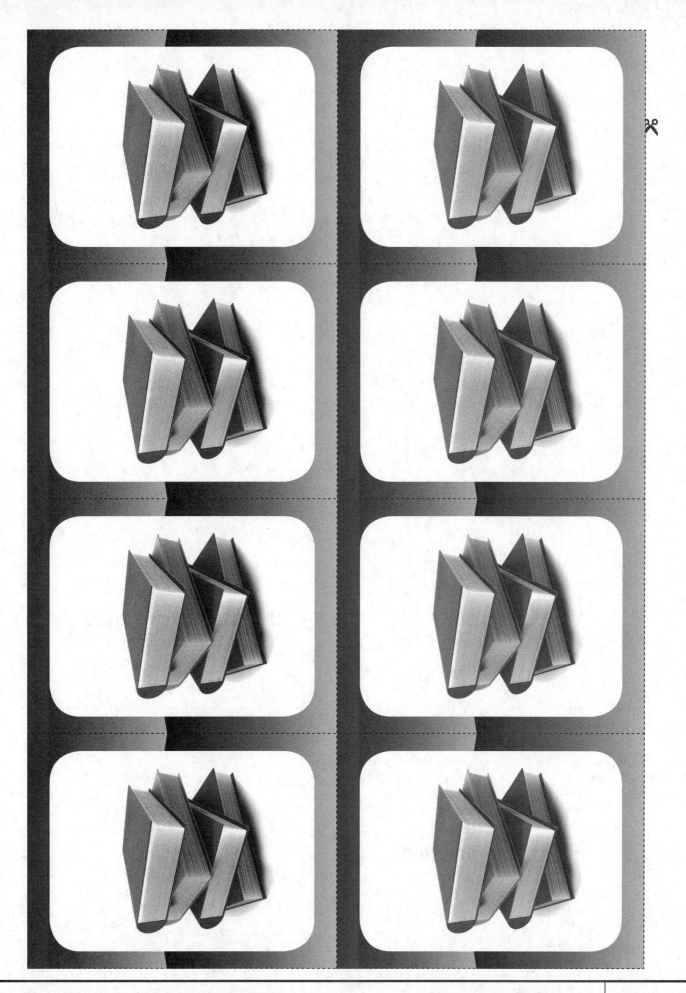

Lecciones 1–3 ¡Atrévete! Cards

la niñez

la boda

la pareja

la amistad

soltero/a

el pastel de chocolate

¡Feliz cumpleaños!

la sorpresa

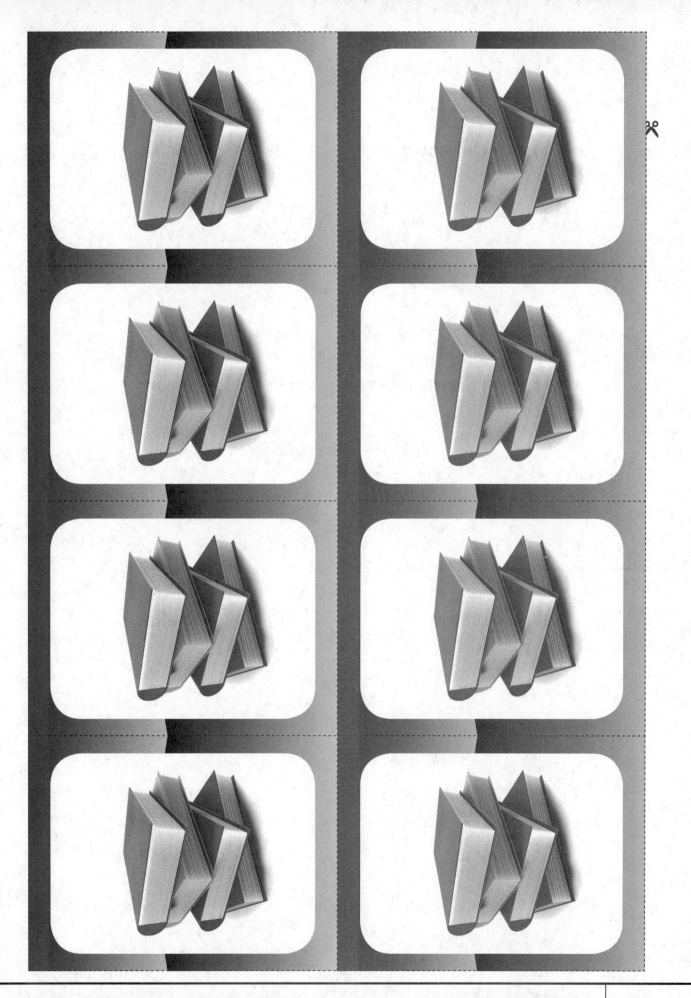

Lecciones 1–3 ¡Atrévete! Cards

el (cuarto de) baño

la ducha

la rutina diaria

el jabón

el maquillaje

la toalla

bañarse

dormirse

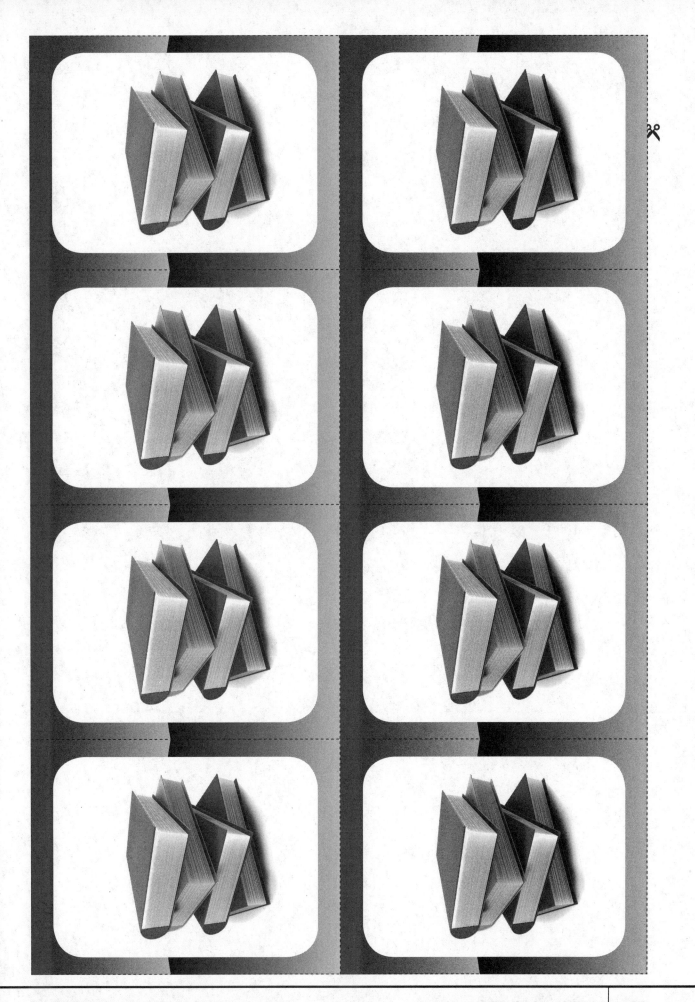

Lecciones 1–3 ¡Atrévete! Cards | **183**

enojarse (con)

ponerse

vestirse

quedarse

el/la camarero/a

el menú

el almuerzo

la cena

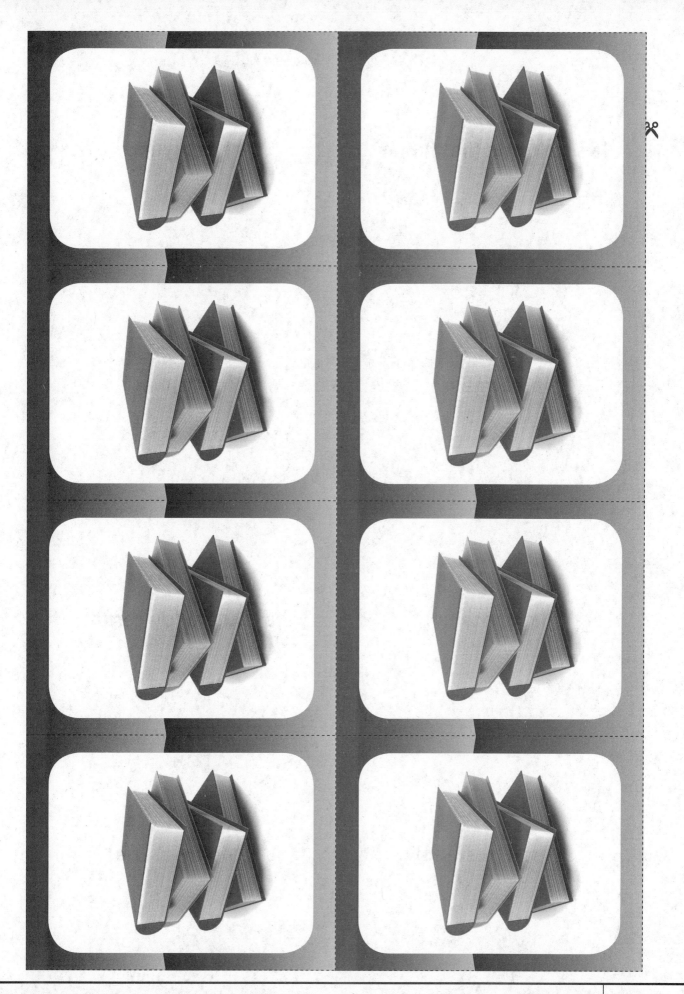

Lecciones 1 – 3 ¡Atrévete! Cards

la sección de (no) fumar

el desayuno

el refresco

los frijoles

la manzana

la chuleta (de cerdo)

el pan (tostado)

el pollo (asado)

Irregular preterites

Reflexive verbs

Preterite of *ser*

Verbs that change meaning in the preterite

Preterite of *ir*

Pronouns and preposition

Uses of ¿*Qué?* and ¿*Cuál?*

Uses of verb *gustar*

Lecciones 1–3 ¡Atrévete! Cards **189**

Words commonly used
with the preterite

Negative words

Preterite of
stem-changing verbs

Double object pronouns

Comparisons of inequality

Superlatives

Comparisons of equality

Irregular comparisons

1. **Complete these sentences with the correct form of saber or conocer used in the preterite or the present tense:**

   1. Anoche, nosotros _____ la verdad.

   2. Yo _____ Costa Rica el año pasado.

   3. Mi tía Rita _____ bailar salsa.

   4. Nosotras _____ al profesor de español.

2. **Di el pretérito correspondiente de cada verbo:**

   1. Yo vengo

   2. Tú quieres

   3. Ellos pueden

   4. Nosotros estamos

3. **Complete the sentences with the preterite:**

   1. Manuel _____ (hacer) un pastel en su clase de cocina.

   2. Ayer _____ (haber) mucha lluvia.

   3. Mis amigos _____ (estar) en la cafetería.

   4. Yo _____ (traer) un abrigo ayer.

4. **Completa las preguntas con ¿qué? o ¿cuál?:**

   1. ¿ _____ es el mejor regalo?

   2. ¿ _____ quieres que hagamos para la fiesta?

   3. ¿ _____ opinas de esta música?

   4. ¿ _____ de estos dos postres prefieres?

5. **Spell these words aloud in Spanish:**

   1. maquillaje

   2. jabón

   3. toalla

   4. champú

6. **With your hands in the air, pronounce these words correctly:**

   1. quinceañera

   2. matrimonio

   3. enamorarse

   4. cumpleaños

7. **Say and act out four reflexive verbs.**

8. **Put both hands on your head and answer these questions negatively using indefinite and negative words:**

   1. ¿Hay algo interesante en la tienda?

   2. ¿Alguien te llama todos los días?

   3. ¿Compraste algún regalo para Daniel?

   4. ¿Tienes alguna amiga en el museo?

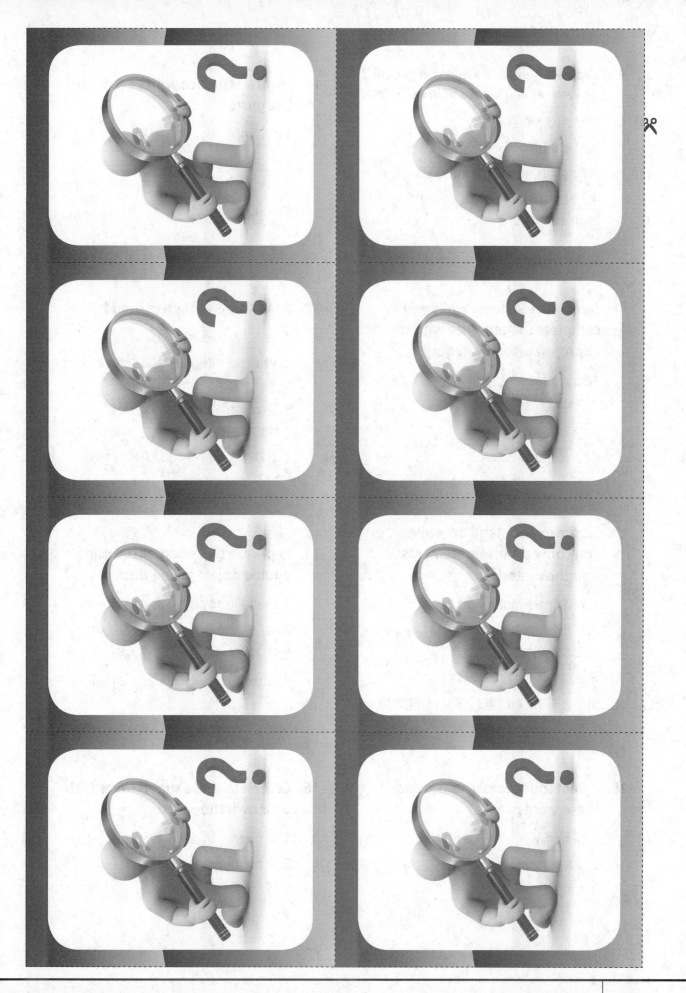

Lecciones 1 – 3 ¡Atrévete! Cards | **193**

9. **Read each sentence aloud and decide if the verb *ser* or *ir* was used in each case:**

   1. Mateo fue a México.
   2. Mis abuelos fueron muy felices.
   3. Nosotros fuimos al museo anoche.
   4. Tú fuiste muy simpático con mis amigas.

10. **Form a sentence with each verb like *gustar*:**

    1. encantar
    2. molestar
    3. fascinar
    4. aburrir

11. **Jump up and down while you complete the sentence with the appropriate food category:**

    1. Las peras son ＿＿＿.
    2. El pavo es ＿＿＿.
    3. La leche es ＿＿＿.
    4. La lechuga es ＿＿＿.

12. **Read these sentences aloud:**

    1. La niña quiere ir al baño.
    2. Vamos a almorzar arroz con maíz y manzana.
    3. Te recomiendo los cereales, son deliciosos.
    4. El café colombiano es muy rico.

13. **Sit down and stand up while you convert these statements into the preterite:**

    1. El camarero nos sirve agua mineral.
    2. El dueño nos recomienda la sopa de arvejas.
    3. Yo pido chuleta de cerdo.
    4. Mi mamá prefiere comer langosta.

14. **Rephrase these sentences using double object pronouns:**

    1. Diana te sirvió la ensalada.
    2. Yo le pedí un café al camarero.
    3. Los botones me llevan las maletas.
    4. Nosotros les escribimos las cartas.

15. **Invent four comparisons using these words:**

    1. guapo/a
    2. interesante
    3. simpático/a
    4. trabajador(a)

16. **Complete these superlatives with your own thoughts:**

    1. la peor comida
    2. el mejor hotel
    3. la ropa más cara
    4. el viaje más barato

1 1. supimos 2. conocimos 3. sabe
4. conocemos

2 1. Yo vine. 2. Tú quisiste. 3. Ellos pudieron.
4. Nosotros estuvimos.

3 1. hizo 2. hubo 3. estuvieron 4. trajo

4 1. cuál 2. qué 3. qué 4. cuál

5 1. eme, a, cu, u, i, ele, ele, a, jota, e/eme, a, cu,
u, i, elle, a, jota, e 2. jota, a, be, o, ene 3. te, o,
a, ele, ele, a/te, o, a, elle, a 4. ce, hache, a, eme,
pe, u

6 Answers will vary.

7 Answers will vary.

8 Answers may vary. Suggested answers: 1. No,
no hay nada interesante en la tienda. 2. No,
nadie me llama todos los días./No, nadie me
llama nunca. 3. No, no compré ningún regalo
para Daniel. 4. No, no tengo ninguna amiga
en el museo.

9 1. ir 2. ser 3. ir 4. ser

10 Answers will vary.

11 1. frutas 2. (una) carne 3. una bebida
4. una verdura

12 Answers will vary.

13 1. El camarero nos sirvió agua mineral.
2. El dueño nos recomendó la sopa de arvejas.
3. Yo pedí chuleta de cerdo. 4. Mi mamá
prefirió comer langosta.

14 1. Diana te la sirvió. 2. Yo se lo pedí.
3. Los botones me las llevan. 4. Nosotros
se las escribimos.

15 Answers will vary.

16 Answers will vary.

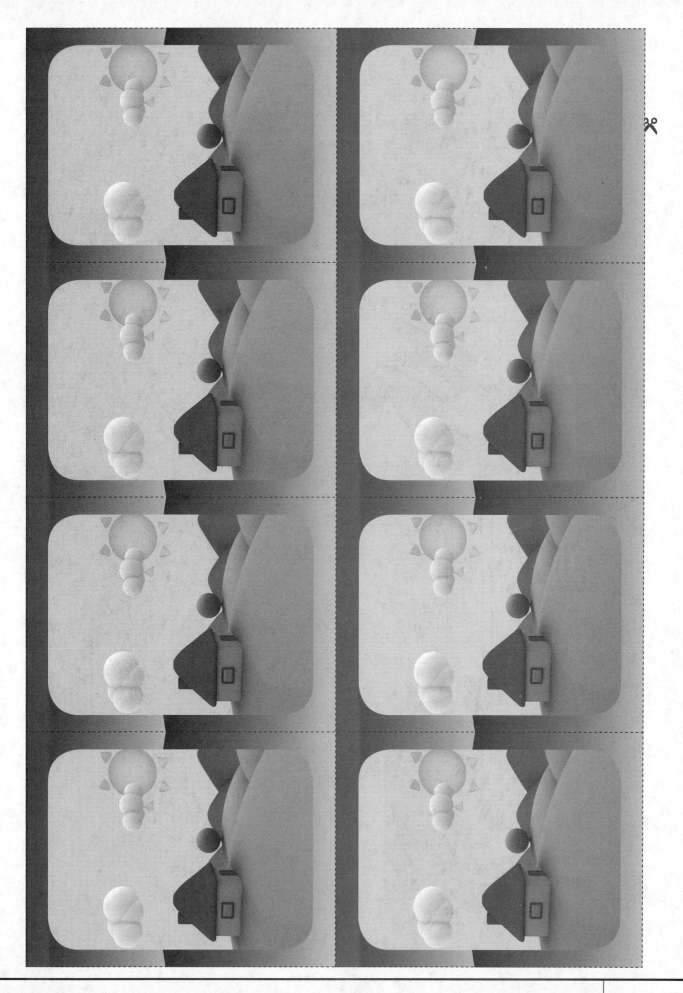

Lecciones 4–6 ¡Atrévete! Cards

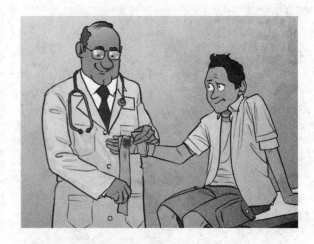

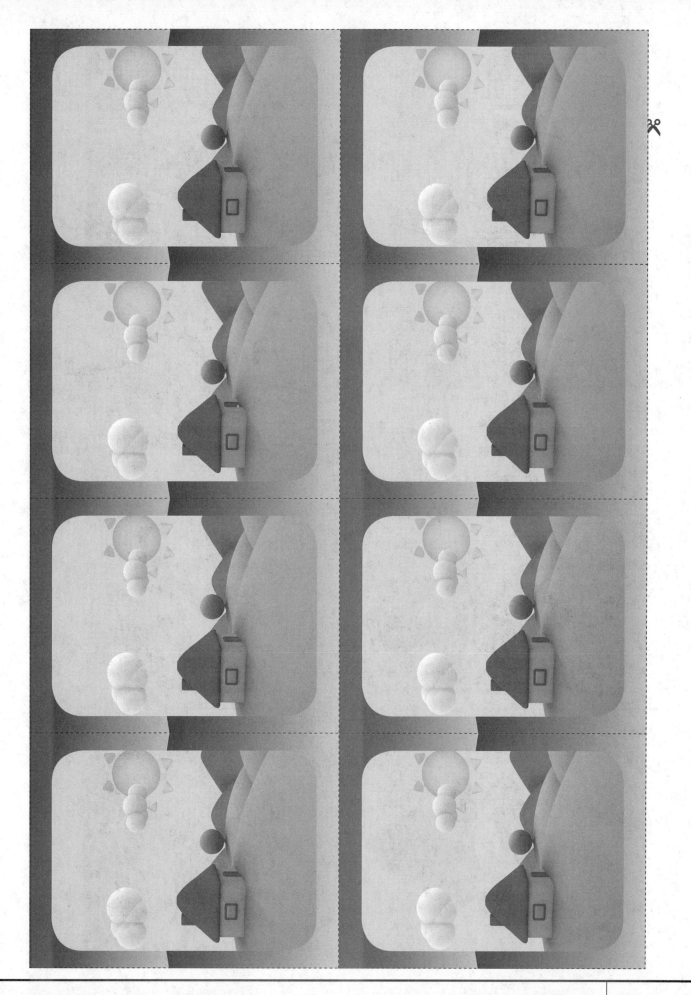

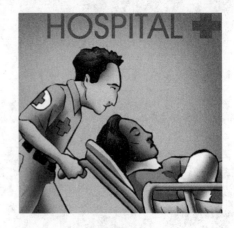

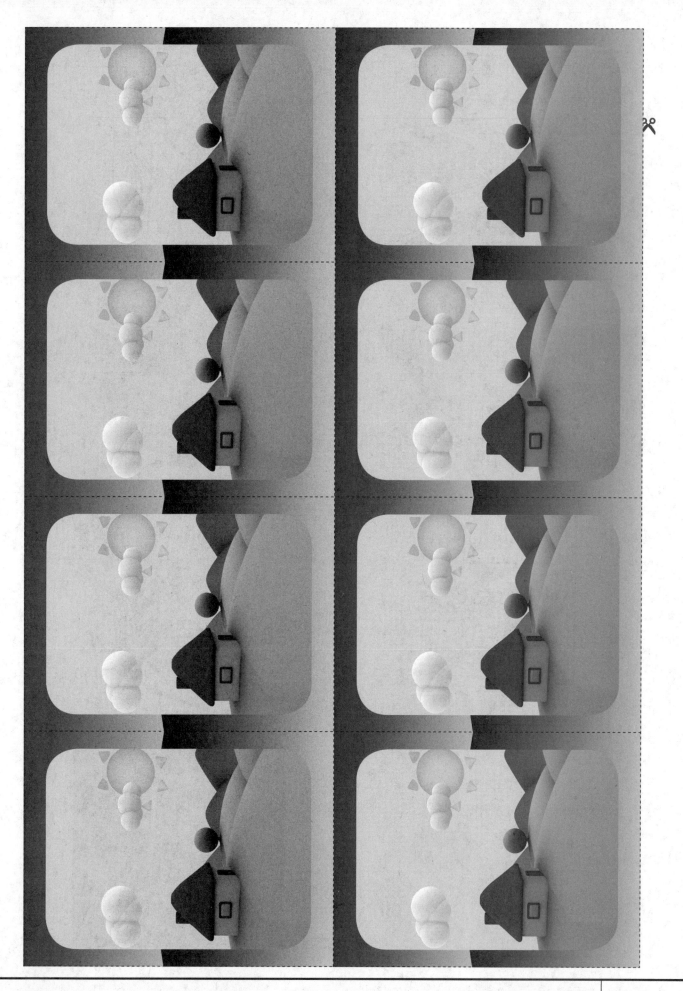

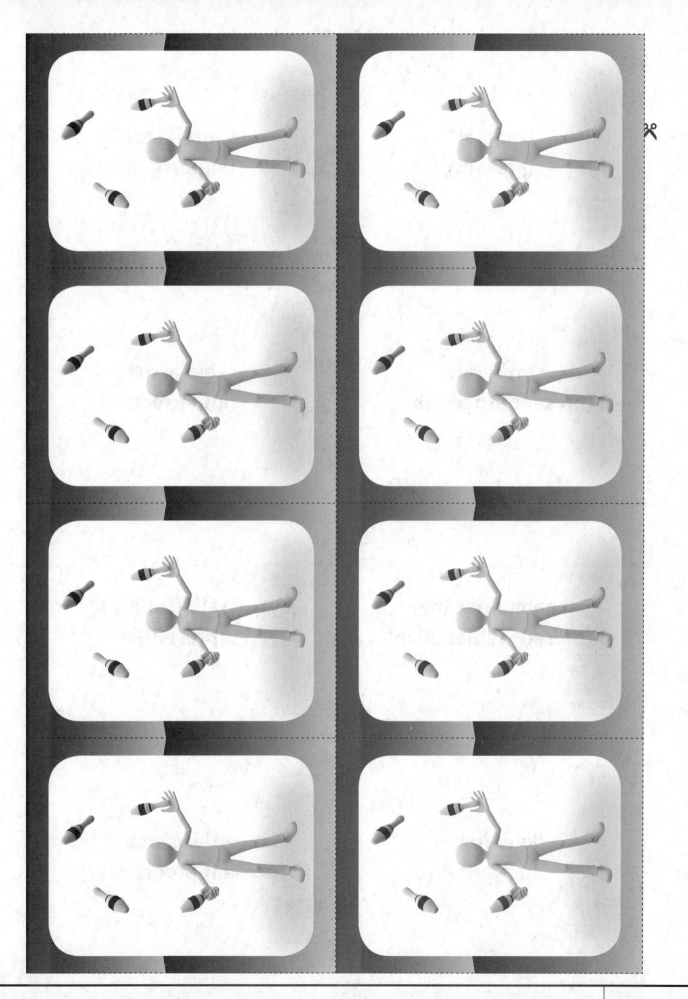

Lecciones 4–6 ¡Atrévete! Cards

regalar
(present)

sonreír (e:i)
(imperfect)

sorprender
(present progressive)

relajarse
(imperfect)

enamorarse (de)
(present subjunctive)

salir (con)
(present)

doler (o:ue)
(preterite)

enfermarse
(present progressive)

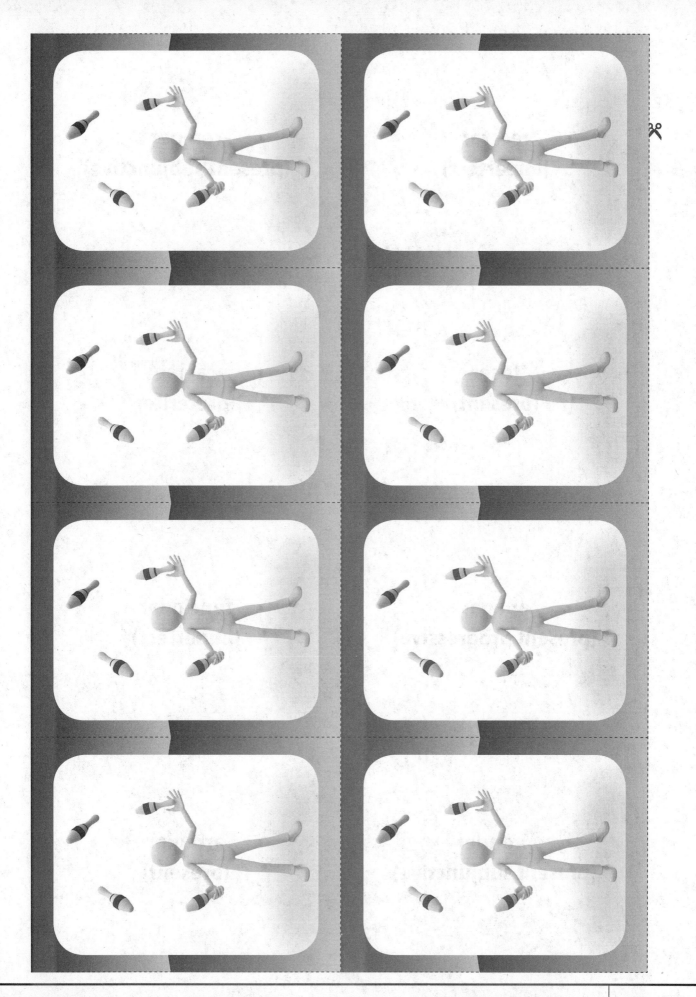

recetar
(imperfect)

romper
(present subjunctive)

toser
(present)

caerse
(preterite)

apagar
(present progressive)

funcionar
(imperfect)

prender
(present subjunctive)

arreglar
(present)

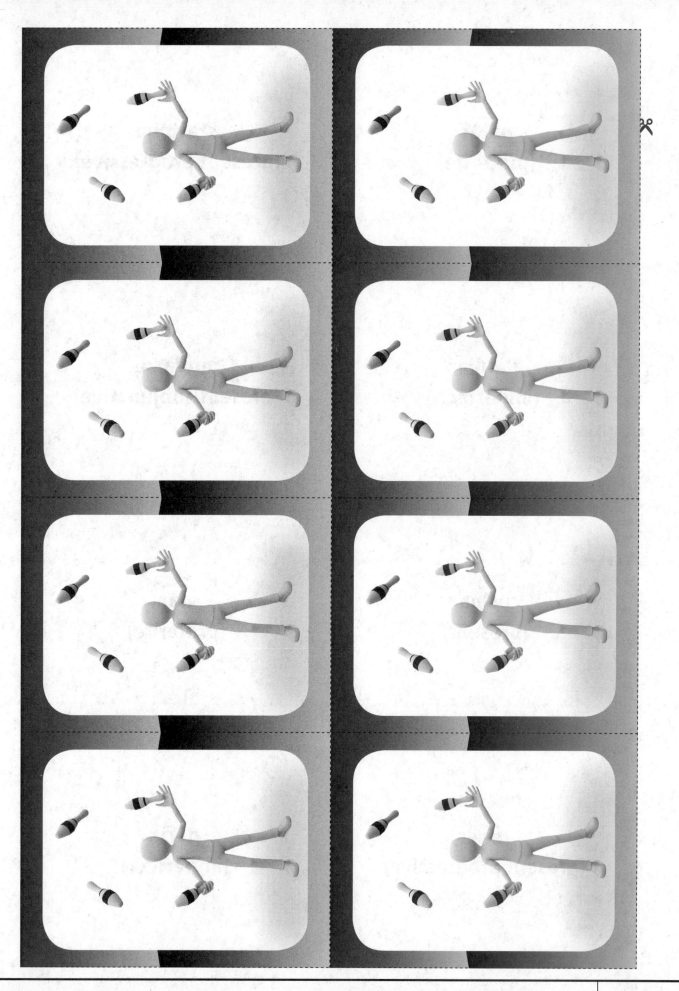

parar
(preterite)

estacionar
(present progressive)

alquilar
(imperfect)

mudarse
(present subjunctive)

cocinar
(present)

dar
(preterite)

tener
(present progressive)

decir
(imperfect)

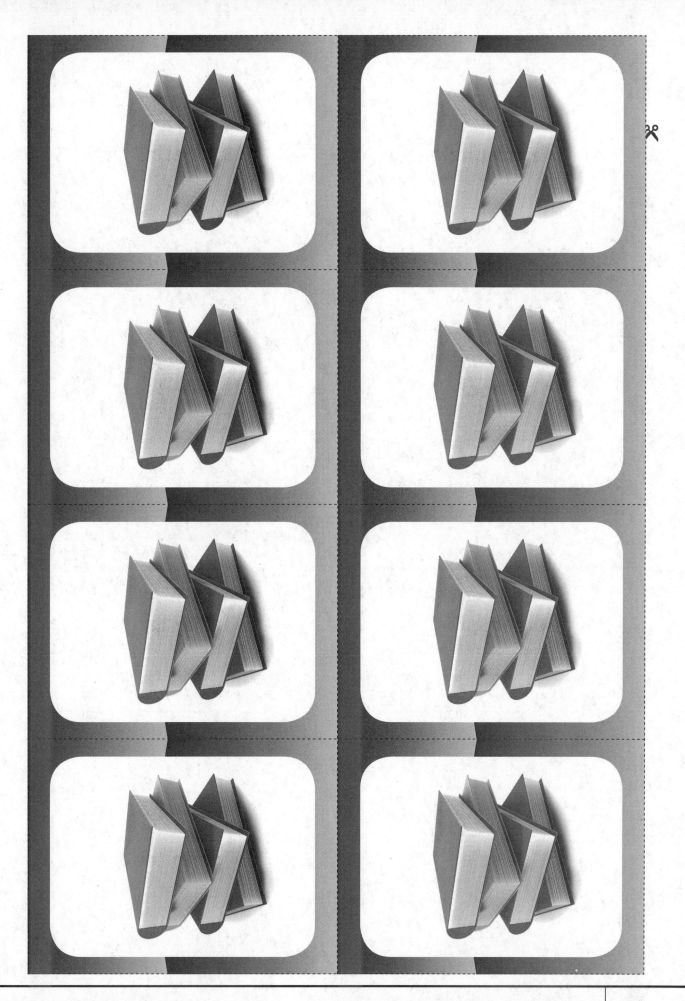

el hospital

la nariz

la boca

la oreja

el comedor

el jardín

la sala

el dormitorio

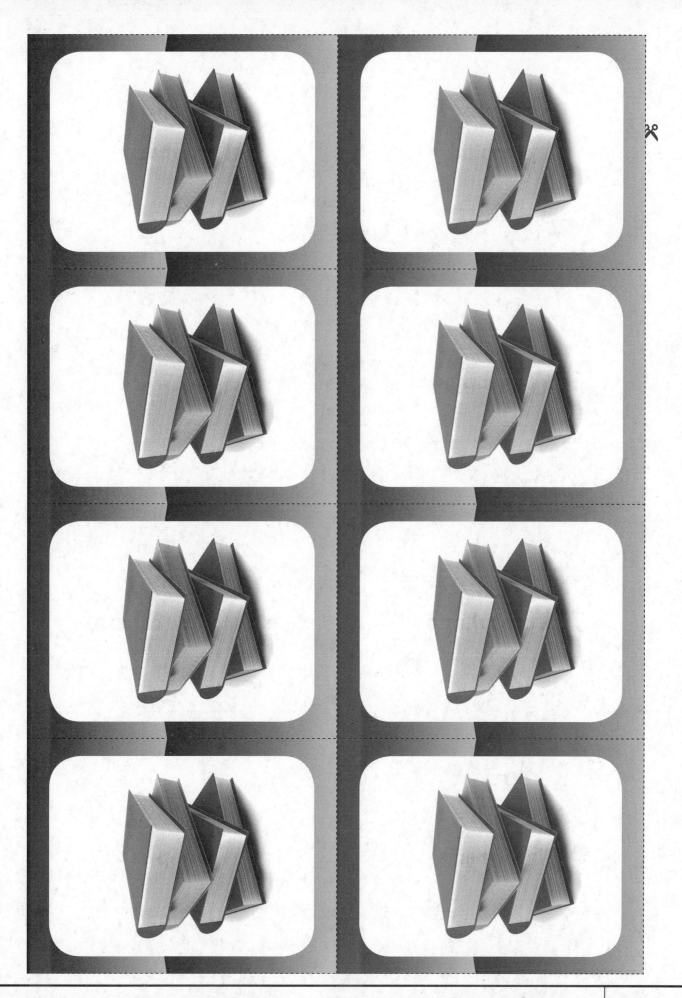

el tobillo

el estómago

la juventud

la muerte

el consultorio

el dolor (de cabeza)

la farmacia

la gripe

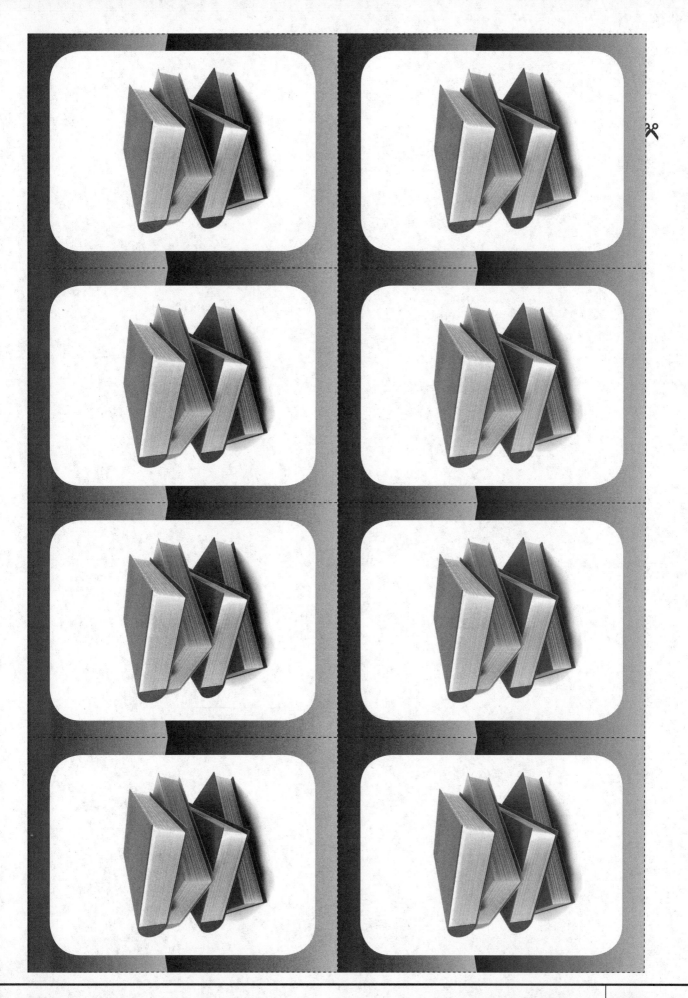

Lecciones 4 – 6 ¡Atrévete! Cards

la infección

el/la paciente

la pastilla

la garganta

la cabeza

el corazón

el brazo

la pierna

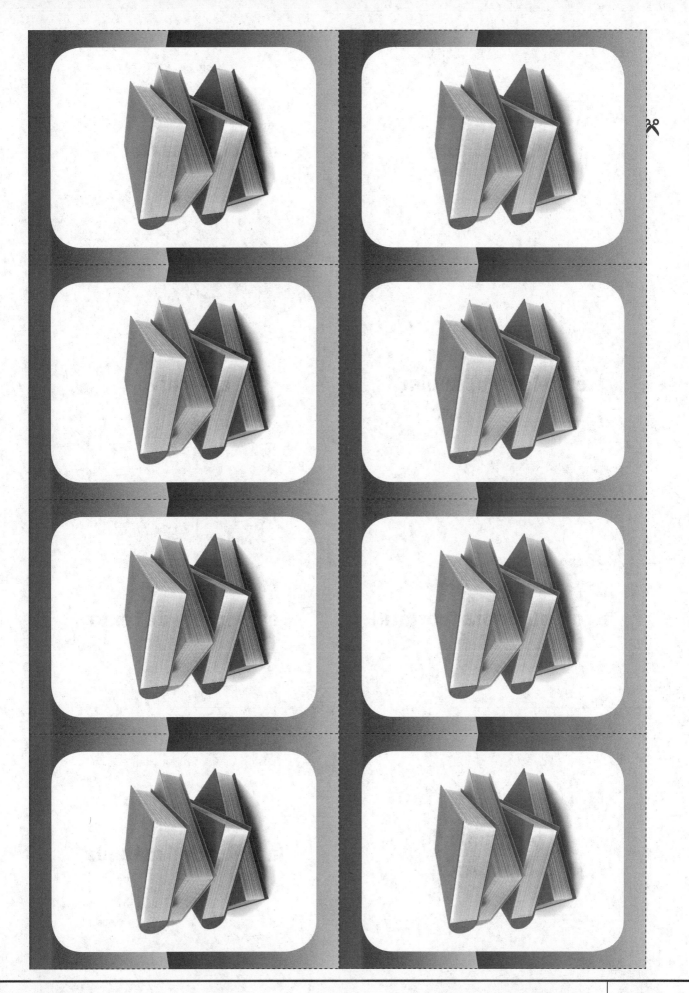

el cargador

el buscador

el (teléfono) celular

el archivo

la computadora (portátil)

el mensaje de texto

el programa de
computación

la velocidad máxima

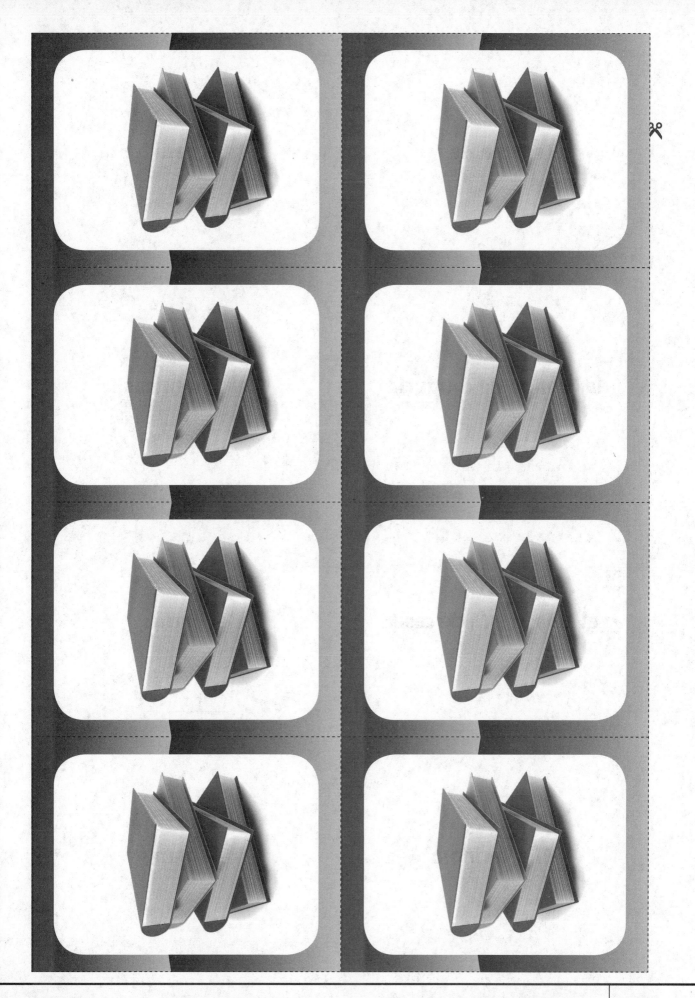

Lecciones 4–6 ¡Atrévete! Cards

el volante

el baúl

la licencia de conducir

el parabrisas

el ama (*m.*, *f.*) de casa

el barrio

el/la vecino/a

el sótano

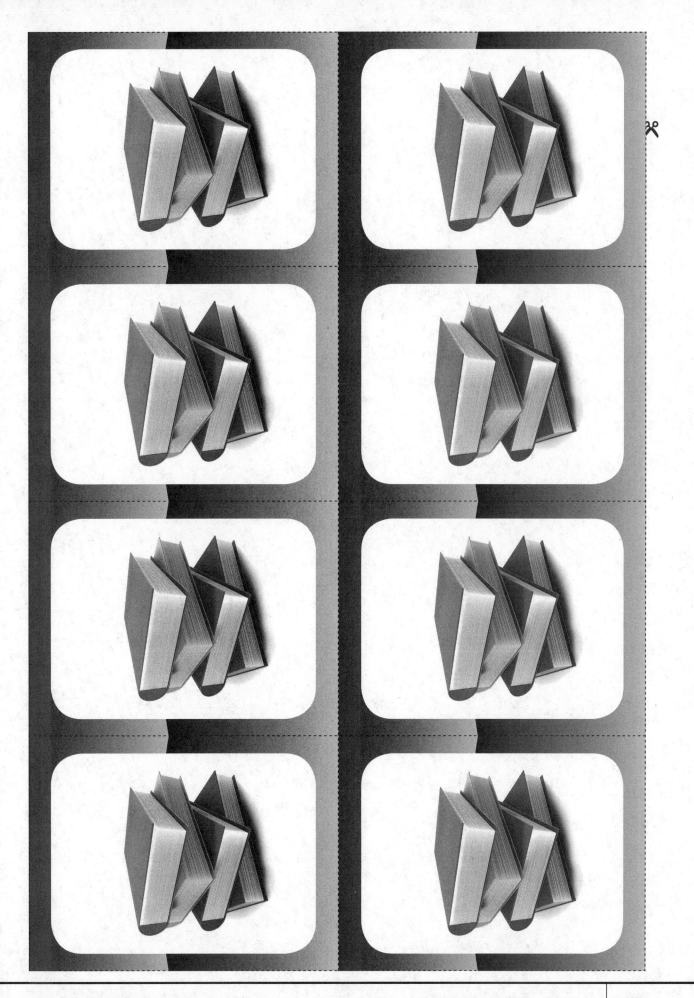

las cortinas

el congelador

el cuchillo

la estufa

la sala

el edificio de
apartamentos

los muebles

el vaso

Lecciones 4–6 ¡Atrévete! Cards

Constructions with *se*

Common adverbs and
adverbial expressions

Uses of the imperfect

Impersonal constructions
with *se*

Affirmative (regular/
irregular) *tú* commands

Uses of *por*

Reciprocal reflexives

Stressed possessive
adjectives and pronouns

Lecciones 4–6 ¡Atrévete! Cards

Se for unplanned events

Negative (regular/irregular)
tú commands

Relative pronouns

Formal commands
(*Ud.* and *Uds.*)

The present subjunctive

Subjunctive with verbs of
will and influence

Uses of *para*

General uses of
the subjunctive

1. **Identifica la palabra que no pertenece al grupo:**

   1. la niñez • el invitado • la boda • la fiesta

   2. los dulces • la pareja • el helado • el postre

   3. el volante • el blog • la gasolina • el parabrisas

   4. la taza • el vaso • el plato • la cama

2. **Con las manos arriba, pronuncia estas palabras correctamente:**

   1. antibiótico

   2. infección

   3. huésped

   4. antipático

3. **Di el pretérito correspondiente de cada verbo:**

   1. Yo vengo.

   2. Tú quieres.

   3. Ellos pueden.

   4. Nosotros estamos.

4. **Pon las dos manos sobre tu cabeza mientras ordenas los elementos y formas una oración completa en el pretérito:**

   Carolina / ir / parque / ayer / querer / pero / no / poder / al

5. **Haz preguntas para estas respuestas. Usa *qué* y *cuál*:**

   1. Prefiero el pastel de chocolate.

   2. Hoy es lunes.

   3. Tomo matemáticas y biología.

   4. El verde es mi color favorito.

6. **Tócate la nariz y completa las oraciones con el pronombre apropiado:**

   1. Eugenia, ¿ves ese pastel? Tómalo, es para _____.

   2. Félix y Sara vienen más tarde. Anoche hablé con _____.

   3. ¿Tu papá no está aquí? Traigo un postre para _____.

   4. Diana es muy simpática. Ayer salí con _____.

7. **Quítate los zapatos mientras completas las oraciones:**

   1. El hueso es una parte del _____.

   2. La gripe es una _____.

   3. Un _____ es alguien que estudió medicina.

   4. Para saber si te rompiste la pierna tienen que hacerte una _____.

8. **Ponles la tilde a estas palabras:**

   1. simpatico

   2. antibiotico

   3. champan

   4. azucar

9. **Forma cuatro oraciones usando el imperfecto de estos verbos:**

   1. tener
   2. querer
   3. vivir
   4. ir

10. **Párate en un solo pie mientras completas las oraciones:**

    1. De niña, Elena _____ (se enfermaba/se enfermó) con frecuencia.
    2. Miguel _____ (se rompió/se rompía) un brazo.
    3. De joven, mi tía _____ (jugaba/jugó) al tenis a menudo.
    4. Ayer _____ (olvidé/olvidaba) tomar la pastilla para el dolor de cabeza.

11. **Contesta estas preguntas usando construcciones con *se*:**

    1. ¿Sabes dónde enseñan español?
    2. ¿Qué venden en el almacén H&M?
    3. ¿Qué platos sirven en la cafetería de la escuela?
    4. ¿Sabes dónde venden pasteles?

12. **Añade un adverbio a cada oración:**

    1. Victoria va al gimnasio.
    2. Andrés come en el restaurante.
    3. Mi mamá va al doctor.
    4. Yo leo libros.

13. **Di en voz alta por lo menos diez cosas que puedes encontrar en un cibercafé.**

14. **Aplaude (*Clap*) mientras lees los minidiálogos:**

    1. —¿Por qué se te dañó la cámara?
       —Porque se me cayó.
    2. —¿Cuándo fuiste a la casa de tus papás?
       —Fui cuando me llamaron.

15. **Completa las instrucciones con los mandatos familiares de los verbos entre paréntesis:**

    1. _____ (Ir) al cibercafé.
    2. _____ (Prender) el monitor.
    3. _____ (Abrir) el sitio web del correo.
    4. _____ (Escribir) una dirección electrónica.

16. **Inventa una oración para estos usos de *por* y *para*:**

    1. Motion or a general location
    2. Duration of an action
    3. Destination
    4. The recipient of something

17. Identifica el infinitivo del verbo recíproco en cada oración y actúa las oraciones:

1. Las chicas y yo nos abrazamos.
2. Los novios se besaron en la boda.
3. Javier y yo nos encontramos en el museo.
4. Mis amigos se saludaron alegremente.

18. Completa las oraciones con los adjetivos y pronombres posesivos correctos:

1. Aquí está mi estéreo. ¿Dónde está el _____ (tú)?
2. Este es mi carro. ¿Cuál es el _____ (usted)?
3. Los discos compactos de Diego están allí. ¿Dónde están los _____ (ellos)?
4. Los libros de Teresa están en su cuarto. ¿Dónde están los _____ (nosotros)?

19. Salta (*Jump*) mientras mencionas por lo menos diez quehaceres que no te gusta hacer.

20. Nombra los lugares de la casa donde puedes encontrar estos objetos:

1. la mesita de noche
2. el sofá
3. el horno de microondas
4. la servilleta

21. Combina las dos afirmaciones para formar una sola oración. Usa los pronombres relativos:

1. Beatriz es muy bonita. Beatriz trabaja en un almacén.
2. Carlos es mi vecino. Vi a Carlos ayer.
3. Compré una tostadora. La tostadora es de buena calidad.
4. Tengo un carro nuevo. El carro es azul.

22. Forma oraciones completas con los elementos dados. Usa mandatos formales:

1. usted / levantarse temprano
2. ustedes / barrer el suelo
3. usted / poner la mesa
4. ustedes / estudiar para el examen de arte

23. Contesta afirmativamente. Usa la frase entre paréntesis y el presente de subjuntivo:

1. ¿Vemos el partido de vóleibol? (Es necesario que…)
2. ¿Debo comer frutas? (Es importante que…)
3. ¿El mecánico arregla nuestro carro? (Es urgente que…)
4. ¿Van al hospital a ver al doctor? (Es mejor que…)

24. Elige a un(a) compañero/a y dale cuatro consejos. Usa estos verbos y el presente de subjuntivo:

1. aconsejar
2. insistir (en)
3. prohibir
4. recomendar

1   1. la niñez   2. la pareja   3. el blog   4. la cama

2   Bold face indicates where stress falls.
1. anti**bió**tico   2. infec**ción**   3. **hués**ped
4. anti**pá**tico

3   1. Yo vine.   2. Tú quisiste.   3. Ellos pudieron.
4. Nosotros estuvimos.

4   Carolina quiso ir al parque ayer, pero no pudo.

5   Answers may vary. Suggested answers: 1. ¿Qué postre prefieres?   2. ¿Qué día es hoy?   3. ¿Qué clases tomas?   4. ¿Cuál es tu color favorito?

6   Answers may vary. Suggested answers: 1. ti
2. ellos   3. él   4. ella

7   1. cuerpo   2. enfermedad   3. médico/doctor
4. radiografía

8   1. simpático   2. antibiótico   3. champán
4. azúcar

9   Answers will vary.

10   1. se enfermaba   2. se rompió   3. jugaba
4. olvidé

11   Answers will vary.

12   Answers may vary. Sample answers:
1. Victoria va mucho al gimnasio.   2. Andrés come en el restaurante a menudo.   3. Mi mamá apenas va al doctor.   4. Yo nunca leo libros.

13   Answers may vary. Sample answers: 1. el cederrón   2. el disco compacto   3. el monitor
4. el ratón   5. el reproductor de DVD   6. el teclado   7. el teléfono celular   8. la computadora (portátil)   9. la impresora   10. la pantalla

14   Answers will vary.

15   1. Ve   2. Prende   3. Abre   4. Escribe

16   Answers may vary. Sample answers:
1. Caminamos por el parque durante dos horas.   2. Estuve trabajando en el cibercafé por dos meses.   3. Vamos para Panamá en Navidad.   4. Compré un regalo para mi esposo.

17   1. abrazarse   2. besarse   3. encontrarse
4. saludarse

18   1. tuyo   2. suyo   3. suyos   4. nuestros

19   Answers may vary. Sample answers:
1. cocinar   2. hacer la cama   3. pasar la aspiradora   4. planchar (la ropa)   5. barrer el suelo   6. poner la mesa   7. sacar la basura
8. sacudir los muebles   9. lavar los platos
10. limpiar la casa

20   Some answers may vary. Suggested answers:
1. el dormitorio   2. la sala   3. la cocina   4. la cocina/el comedor

21   Some answers may vary. Suggested answers:
1. Beatriz, que/quien es muy bonita, trabaja en un almacén.   2. Carlos, a quien vi ayer, es mi vecino.   3. La tostadora que compré es de buena calidad.   4. El carro nuevo que tengo es azul. /Tengo un carro nuevo que es azul.

22   1. Levántese temprano.   2. Barran el suelo.
3. Ponga la mesa.   4. Estudien para el examen de arte.

23   1. Es necesario que veamos el partido de vóleibol.   2. Es importante que comas/usted coma frutas.   3. Es urgente que el mecánico arregle nuestro carro.   4. Es mejor que vayan/vayamos al hospital a ver al doctor.

24   Answers will vary.

Activity Pack

7: Paola Rios; **9:** VHL; **15:** Claudiveja/iStockphoto; **19:** Anne Loubet; **26:** Janet Dracksdorf; **32:** Jose Blanco; **33:** Anne Loubet; **43:** VHL; **44:** Jose Blanco; **52:** VHL; **65:** Anne Loubet; **69:** VHL; **76:** Dario Eusse Tobon; **78:** Martin Bernetti; **79:** VHL; **89:** Iso K/Fotolia; **90:** Orange Line Media/Shutterstock; **93:** Martin Bernetti; **99:** Esteban Corbo; **100:** Martin Bernetti; **111:** Anne Loubet; **114:** Martin Bernetti; **124:** Dario Eusse Tobon; **128:** VHL; **129:** VHL; **138:** Martin Bernetti; **142:** Anne Loubet.